Harald Hauswald
Lutz Rathenow

GEWENDET

Vor und nach dem Mauerfall:
Fotos und Texte aus dem Osten

Jaron Verlag

Vorsatz: Wo sich 1961 russische und amerikanische Panzer schussbereit gegenüber standen, am Checkpoint Charlie, verkauft ein fliegender Händler 1990 Hinterlassenschaften eines verschwundenen Staates

S. 4/5: Wohl nirgends ist der Osten im Jahre 2006 so sehr Gesamtdeutschland wie rund um den Bahnhof Friedrichstraße, der einst der meistfrequentierte Grenzübergang der DDR war

Nachsatz: Am Brandenburger Tor wird 1990 die Deutsche Einheit gefeiert – mit zwei Flaggen, von denen die eine heute nur noch eine geschichtliche Reliquie ist

Originalausgabe
1. Auflage 2006

Umschlaggestaltung: Atelier Kattner, Berlin, unter Verwendung zweier Fotos von Harald Hauswald
(vorn: 1982, hinten: 1990)
Satz und Layout: LVD GmbH, Berlin
Lithographie: LVD GmbH, Berlin
Druck und Bindung: Westermann Druck Zwickau

ISBN-10: 3-89773-532-6
ISBN-13: 978-3-89773-532-3

GEWENDET

Etwas wartet darauf, erlöst zu werden. Eine Vergangenheit verschwand in der Gegenwart und kehrt als Bumerang unerwartet zurück. Eine Erinnerung, bestimmte Gesten und Redensarten. Eine plausible Erklärung soll her, die alles erfasst und jeden erreicht. Aber ein Leben lässt sich nicht in Erklärungen auflösen. Es bleibt ein Rest von Gefühlen.
Da ist der Dissident, der ständig gegen seinen Staat rebellierte und der sich nun nach den Stunden des konspirativen Kampfes zurücksehnt, während er die Formulare ausfüllt, die seine bildungspolitische Tagesarbeit begleiten. Immerhin hat er eine Arbeit, die er für wichtig halten kann, auch wenn sie ihn tief im Herzen langweilt.
Da ist der ehemalige hauptberufliche SED-Parteifunktionär, der jetzt der Niederlassung einer repräsentativen Automarke vorsteht und dem es Spaß macht, diese Wagen zu verkaufen und dabei kräftig Geld zu verdienen, und der manchmal an zäh sich dahinschleppende Versammlungen zurückdenkt und sich dann kurz schütteln muss vor Ekel – und vor seinen unkorrekten Gefühlen seinem damaligen Staat gegenüber, den er wollte und dessen Partei er weiter angehört, auch wenn sie sich seither zwei Mal umbenannte. Er schüttelt den Gedanken ab, dass für ihn nichts schlimmer wäre, als wenn diese Partei jemals wieder in ihre alte Macht eingesetzt würde.
Die Gefühle stimmen mit den Gedanken und Einsichten oft nicht überein.
Es war einmal ein Land. Das verschwand von der Karte. Doch seine Bestandteile leben in den Köpfen, in den Gewohnheiten, die man sich in vierzig Jahren so zugelegt hatte, weiter. In gewissem Sinn vervielfältigte sich der Staat durch seinen Tod. Jeder hat eine andere DDR im Kopf: Sechzehn Millionen unterschiedliche Vorstellungen von dem, was das Land einmal war oder hätte werden können. Vielleicht verschwand der Staat zu schnell, um sich von ihm angemessen verabschieden zu können. Um ihn noch einmal genau zu betrachten. Oder aber er verschwand nicht schnell genug.
Die DDR war ein ziemlich grauer Staat, der sich selbst als »Diktatur des Proletariats« bezeichnete und ständig darum bemüht war, wichtig und bedeutend zu erscheinen. Anfangs wurde er vom Westen bekämpft, später zunehmend durch Handel und Kontakte gestützt. Ostdeutschland gehörte durch den innerdeutschen Handel längst zur Europäischen Gemeinschaft. Die Staatsführung Ost wusste wohl am Ende selbst nicht mehr genau, ob sie den Klassengegner West besiegen oder von ihm profitieren sollte.
Nach dem Zweiten Weltkrieg versuchte die DDR zwölf Jahre lang, Vorkämpfer eines besseren Deutschland zu sein, eines geeinten sozialistischen Deutschland. Doch sie wurde ein selbständiger Staat, mauerte sich 1961 ein, verzichtete bald auf gesamtdeutsche Perspektiven, beharrte auf einer eigenen Nationalität – und begann zu sterben. Ein ängstlicher Staat, der sich vor allem damit beschäftigte, groß und bedeutend zu erscheinen. Allen sportlichen, geheimdienstlichen und gelegentlichen kulturellen Erfolgen zum Trotz arbeitete das Land unmerklich an seiner Auflösung.

Die vor der Deutschen Einheit entstandenen Fotos von Harald Hauswald leuchten merkwürdig aus einer Vergangenheit herüber, die einfach nicht vergehen will. Die umgebaut und abgerissen wird und aufersteht als Supermarkt der schönen neuen Warenwelt. Die Dinge aufzuschreiben oder zu fotografieren heißt auch, sich später schwerer betrügen zu können. Das gilt für die Gegenwart genauso. Nur die Gefühle, die von den Sätzen und Bildern hervorgerufen werden, ändern sich im Verlauf der Zeit.
Harald Hauswald und ich erfuhren das, als wir unser 1987 nur im Westen erschienenes Buch »Ost-Berlin« im Jahre 2005 neu veröffentlichten. Der Resonanzraum hatte sich verändert: Aus dem Projekt zweier DDR-Außenseiter war eines geworden, das die Mitte der vergangenen Gesellschaft repräsentierte. In dem Buch fanden sich die Menschen an der Ostseeküste ebenso wieder wie die in Leipzig oder meinem Geburtsort Jena. Die Gespräche über die Vergangenheit gerieten sofort zu einem Vergleich mit der Gegenwart. Was lag also näher, als für unser neues Projekt alte Orte noch einmal aufzusuchen, Perspektiven zu vergleichen und darüber hinaus Berlin zu verlassen, sich in Dresden umzusehen, an der Ostseeküste …? Lauter neue Gegenwart, auf der Suche nach dem Weg in die Zukunft. Wie viel Ost-Berlin steckt noch in Berlin? Wie viel DDR im Osten Deutschlands? Die DDR ist nicht mehr, wohl aber der Osten Deutschlands. Trotz großer regionaler Unterschiede verbindet ihn ein gemeinsamer Erfahrungshorizont.

Anteilnahme und Distanz prägen auch die neuen Fotos von Harald Hauswald, Interesse am Alten und Lust auf Neues gleichermaßen. Wer die Gegenwart nicht nur betrachten will, dem helfen die Fotos, sie zu erkennen. Die Philosophen hätten die Welt nur verschieden interpretiert, schrieb einst ein bekannter Philosoph, es komme aber darauf an, sie zu verändern. Manchmal wäre schon viel damit gewonnen, die sich vollziehenden Veränderungen wahrzunehmen. Aber Friedrich Engels kannte ja die Fotos von Harald Hauswald noch nicht.

MANDO DIAO
sarah connor
Joe Jacks
bewag

MAUERN

Die DDR allein kann die DDR nicht erklären. Aber ohne ihre Abgrenzungsideologie zu bedenken, versteht und erfühlt man gar nichts. Vor allem die Grenze nicht. Mein erster Sohn vermutete noch Dornröschen hinter der Mauer. Als die in Berlin nicht mehr stand, fragte mein zweiter im Alter von fünf Jahren: »Gab es die Mauer wirklich aus richtigem Stein? Oder war das alles aufgebaut gewesen für eine Fernsehserie, die DDR hieß?«
1986 schrieb ich in einem später nie wieder veröffentlichten Text in der »Zeit« über die Grenze:

Links neben dem Brandenburger Tor, im Wirtschaftsflügel des ehemaligen Prominentenhotels »Adlon«, hatten die Meisterschüler der Akademie der Künste ihre Ateliers. Vor dem Hotelrest stand eine weiße Mauer. In ihre Betonplatten waren Schilder geschraubt, die das Weitergehen verboten. Den normalerweise solche Schilder haltenden Pfahl hatte man auf die Mauer gemalt. Abends wurde das Gebäude abgeschlossen, doch wer nachts oder am Wochenende arbeiten wollte, bekam einen Schlüssel.
»Alle Geräusche stammten dann von drüben«, erzählt ein Maler. Er hörte Rockmusik und Gespräche, musste schon über Witze lachen. Er verfolgte die Zurufe der Spieler auf einem Tennisplatz und erschrak, wenn eine Stimme ganz nah war. Dann schaute er aus dem Fenster, vergewisserte sich der unveränderten Entfernung. Sah die stillen Wachhunde an ihren Laufleinen, regelmäßig untersucht man die Tiere. Ärzte stecken ihnen ein Thermometer in den After, öfter geben sie eine Spritze.
Anderer Ort, dieselbe Grenze. Fünf Uhr früh, Stralauer Allee, auf der einen Straßenseite wieder eine Mauer mit Warnschildern. Dahinter Hafenanlagen, die Spree, am anderen Ufer beginnt der Westteil der Stadt. Ich sehe eine Kolonne in Arbeitsuniformen aus der Untersuchungshaft Rummelsburg unter Bewachung den weißen Anstrich erneuern. Die glatte lange Wand am Rande des Bürgersteigs, den Bürger lieber meiden, wird öfter getüncht. Was die Ordnung schützt, soll ordentlich aussehen …
Die Mauer produziert ihre Krankheiten in verwirrenden Varianten. »Morbus Berlin«, witzelt ein Psychologe. Jedes einzelne Symptom scheint bedenklich, alle zusammen ergänzen sich zum herrschenden Bild der Normalität. Die Grenze regt die Phantasie an und fördert Verdrängungsreaktionen. Da sagt ein Offizier, dass er es sich nicht vorzustellen vermag, wie ein Mensch das Bedürfnis haben kann, in den Westen zu fahren. Da gibt es den Stammtisch in einer Kneipe, der auf jede Flucht anstößt, als wäre ein Stück seiner Mitglieder entwichen.
Diese auf klarem Freund/Feind-Schema bauenden Arten der Ignoranz werden seltener, originellere Varianten lösen sie ab. »Ich stelle mich ans Fenster und sage mir, so kann eine Straße in Harlem aussehen. Du bist also in New York, blicke genau hin und genieß es«, erläutert ein Autor seine Methode …
Zu dieser Haltung gehört der selbstverständliche Wunsch, irgendwann in den Westen zu gehen – und zwar bevor Energien in der Auseinandersetzung mit der DDR vergeudet worden sind. Man will durch die Mauer – und möchte dabei so tun, als ob da keine sei.
Und da ist jener, der das Land verachtet, in dem er dennoch bleibt. Er meint, er würde es nicht ertragen, sich im Westen diese hoffnungssüchtigen Dummheiten über die Deutsche Dämliche Republik anhören zu müssen.
Ein klassisches Mauerdrama mit Satyrspiel gefällig? Zwei Grenzposten auf Streife schlafen abwechselnd – ein schwerer Dienstverstoß. Der eine klaut dem Schlafenden die Maschinenpistole und klettert in den Westen. Der erwachende Soldat brüllt seinem Kameraden nach, er solle zurückkommen. Der ruft, er möge ihm folgen. Doch der Verbliebene schlägt sich in panischer Angst die Leuchtpistole auf Schulter und Kopf. Die Ablösung findet einen ohnmächtigen, blutenden Posten. Kurz vor der Auszeichnung für selbstlosen Einsatz wird er wegen Beihilfe zur Republikflucht und Irreführung der Vorgesetzten angeklagt. Auf der Pistole waren nur seine Fingerabdrücke. Er gesteht, erhält zwei Jahre Gefängnis. »Nur zwei«, erläutert der Militärrichter, »da wir als mildernden Umstand ihr Hierbleiben werten.«
Der Himmel wölbt sich als blaugraue Mauer über der Stadt. Wem der Sinn für absurde Pointen fehlt, wird bei der Analyse der Realität nicht weit kommen.
Ein betrunkener Mann, dessen Ausreiseantrag nach jahrelangem Warten stattgegeben worden ist, müsste seit zwei Tagen im Westen sein. Vor lauter Abschiedsfeiern vergisst er das Ausreisen. Die Beamten beraten: Einsperren oder Ausnüchtern? Sollen doch die drüben mit ihm klarkommen! Sie schleifen den Mann behutsam zur Grenze. Zwei Mitarbeiter vom Rat des Stadtbezirks waren zuvor zu seiner Wohnung gefahren und haben einen Koffer mit den notwendigsten Sachen zusammengepackt, damit er nicht mit leeren Händen in den Westen schwankt.
»Kleinen Schaden ham wir alle – für den Westen nicht mehr tauglich!« Fröhlich vorgebrachte Selbstbezichtigung eines Mittfünfzigers bei einer Familienfeier. Ein Gast aus Bremen hatte verständnislos gefragt, warum sie nach Tschernobyl die Behörden nicht drängten, ihr Gemüse auf

Radioaktivität untersuchen zu lassen. Stattdessen wurde aus Trotz der strahlende Salat verspeist. Diese aggressive Gleichgültigkeit missdeutet der Beobachter oft als Einverständnis mit den gesellschaftlichen Bedingungen.
Er verkennt die bittere Ratlosigkeit dahinter. »Sollen doch alle verschwinden, da kriege ich endlich eine neue Wohnung!«
Duldungsstarre – ein Begriff aus dem tierischen Sexualverhalten.

Alles veränderte sich. Und wurde erst einmal noch zynischer, verlogener. Die DDR öffnete sich in ihrer Schlussphase ein wenig, um sich desto besser gegenüber prinzipiellen Änderungen abschotten zu können. 1988 schrieb ich über die »Zukunft der Mauer«:

Sicher rasen bald gut verriegelte DDR-Busse in Vier-Stunden-Fahrten durch Berlin-West. Die DDR hält so ihr künftiges Versprechen, eine bestimmte Anzahl von Besuchern alljährlich durch Westberlin zu kutschen. Und für jene, die absolut nicht dürfen, baut man ein Naherholungszentrum Westberlin in die Hauptstadt. Für horrende Eintrittspreise geht es da auf Abenteuertrip. Die Sehenswürdigkeiten des Westteils in verkleinerter Ausführung nachgestaltet, garniert mit Peepshows, gemieteten Arbeitslosen, Drogensüchtigen und fliegenden Händlern. Demonstrationen werden allerdings von Schauspielern imitiert, man weiß nicht, wie unsere Verhältnisse auf Originalradikale wirken.
Bewährt sich dieses Disneyland, könnte die gesamte westliche Welt en miniature als Vergnügungspark in die DDR integriert werden!

Und alle Zuhörer lachten verschämt, wenn der Text vorgelesen wurde – damals, als das Brandenburger Tor ganz am Rande der Stadt lag, der uns zugänglichen.
Der Wegfall des Grenzregimes veränderte die Geografie: Vom Rand rückte das Tor in die Mitte der neuen Berliner Republik. Hauswald und ich erkunden fast täglich Veränderungen, Grenzüberschreitungen, Fluchtbewegungen vor der Vergangenheit oder in die Vergangenheit. Nicht jeder findet sich im Labyrinth der neuen Möglichkeiten zurecht. 1990 schrieb ich:

Karl, 27, siedelte vor 1985 von Berlin/Ost nach Berlin/West über. Die erste Zeit fühlte er sich toll in der neuen Umgebung, rundum beschwingt. Dann kamen die Depressionen, auch weil er die alte Heimat nicht besuchen durfte. Beruflich klappte es nicht, eine Freundin enttäuschte. Karl bat 1986 am Grenzübergang Friedrichstraße um die Genehmigung zur Rückkehr in die DDR. Drei korrekt gekleidete Herren fuhren ihn zu einem Gebäude im Stadtbezirk Pankow, das eine Behörde für Ostübersiedler beherbergt … Tagelange Verhöre. Ob er Spion des Bundesnachrichtendienstes sei? Ob er nicht für die DDR im Westen kundschaften möchte? Danach pro Tag drei Mark Taschengeld, kostenloses Essen, dazu eine Flasche Bier. Karl darf das Grundstück nicht verlassen. Ihm wird wieder klar, warum er vor zwei Jahren weg wollte. Er verlangt die Ausreise nach Westberlin. Die Beamten versuchen, ihn zum Bleiben zu bewegen. Man holt seine Eltern. Wenn Karl bliebe, dürfe er das Lager sofort verlassen. Doch je mehr Eltern und Beamte ihm zureden, desto intensiver wünscht er sich in den Westen. Nach drei Wochen lassen sie ihn zurück.
1989 freut sich Karl über die Öffnung der Mauer. Inzwischen glaubt er, mit dem Leben im Westen klarzukommen. Seine Begeisterung über die offene Grenze schlägt um, als er merkt, dass der Osten langsam nach Westberlin einsickert. Jetzt merkt er, was ihn an Ostberlinern alles stört, von der Automarke bis zur Hilflosigkeit vor dem Warenaufgebot. Freunde machen Witze, und er versucht mitzulachen. Diese hilflosen Ossis erinnern ihn zu sehr an seine eigene Vergangenheit. Ganz abgesehen von den vielen alten Bekannten, die ihn besuchen und bei ihm übernachten wollen. Karl will weg aus Berlin. Dazu fehlt aber Geld und die richtige Idee. Denn die anderen deutschen Städte/West sind ihm zu langweilig. Karl nutzt einen Zufall und nimmt eine Wohnung in Ostberlin. Den Freunden in Ost und West verrät er das nicht. Inzwischen sucht Karl das letzte billige ausbaufähige Anwesen in einer erträglichen Gegend der Noch-DDR. Seine Vorstellung vom Westleben, so Karl, lasse sich am ehesten in einer Ostnische realisieren.

Inzwischen ist Karl, letzten Gerüchten zufolge, in Ungarn gelandet. Der Osten rückt immer weiter nach Osten.
Früher war es schwierig und riskant, die Staatsgrenzen zu überschreiten. Heute fällt es schwer, eine Grenze zu erkennen, die zu überschreiten sich überhaupt lohnt. Unsere Beschleunigungsgesellschaft überquert eher nebenbei ständig neue Grenzen. Vielleicht haben viele in der DDR die Bundesrepublik zu sehr zur Utopie gemacht, um heute wirklich mit ihr klarkommen zu können.
Mauern sind jedenfalls wieder simple Mauern. Sie stehen nicht mehr für ein System. Und die wirklichen Grenzen sind selten noch aus Beton und oft nicht mehr auf Anhieb sichtbar.

1983

Das Brandenburger Tor war einmal ein Stück Grenze, das ein Tor zu sein schien, aber keines war. An Berlins berühmtestem Tor durfte sich die Mauer jeder von seiner Seite ansehen. Nicht zuletzt deshalb wurde es das wichtigste Symbol der deutschen Teilung. Hier brach nicht nur die Straße »Unter den Linden« ab, sondern ein ganzes politisches System.

2000

Heute ist das Brandenburger Tor eine Kulisse für ständig neue Inszenierungen aus Vergangenheit und Gegenwart. Hier findet Berlin zu sich selbst, ist die Stadt ganz deutsche Hauptstadt. Der Pariser Platz ist der zentrale Platz eines neuen Deutschland, das seine Geschichte kennt und mit all ihren Facetten, den schönen wie den schrecklichen, lebt.

1986

In Berlin wandert man gern über einen der vielen Friedhöfe. Doch dieser in der Liesenstraße war ein ganz besonderer: von der Mauer geteilt. Grabstätten waren für deren Bau verlegt worden. Erst ab 1986 war er ohne Passierschein zugänglich. Die beiden Engel scheinen sich voller Trauer abzuwenden.

2005

Auch hier war einmal die deutsch-deutsche Grenze. In Marienborn konnte ein- und ausreisen, wer eine Genehmigung hatte. Der ehemalige Grenzübergang ist nun eine Stätte der politischen Bildung. Doch helfen Gedenkstätten einem Land, das gern vergisst, wirklich, die Vergangenheit herbeizuerinnern?

1990

Auch wenn *die* Mauer niedergerissen ist: Berlin wird immer die Stadt der sprechenden Mauern bleiben. Wie kommt die DDR in das kleine zugemauerte Fenster in der Brandmauer am Senefelder Platz? Noch ein halbes Jahr zuvor wäre es ein Symbol der Staatstreue gewesen, doch 1990 ist es fast schon ein Zeichen des Widerstandes: als wolle jemand ein Verschwinden verzögern. Die Mauer wirkt wie das Symbol einer vergangenen Welt, die nicht daran denkt, sich hinter Farbigkeit zu verstecken.

2000

Zehn Jahre später zeigt dieselbe Mauer gleich drei neue Sprachzeichen. Akkurat und mit greller Intensität hat jemand seiner Angst Ausdruck verliehen. Daneben die Werbetafel mit dem Auto, das es niemals schaffen wird, aus dem Bild zu fahren. Die Antwort darauf – hastig, ungenau – mag wiederum ein Zeugnis der Angst sein. Äußerte sich Volkes Stimme früher ungehemmt an den Türen von Toiletten, so lädt heute die ganze Stadt zur Beschriftung ein: Berlin als nie beendetes Buch.

HINTERLASSENES

Warum so viele den allgemein gültigen Roman über die Wenden wünschten, fragte mich ein australischer Besucher Anfang der neunziger Jahre, nach der Lektüre einiger Artikel über die neue deutsche Literatur. Ich verstand ihn nicht. Er beharrte, es gäbe doch wirklich wichtigere Probleme als eine Beschäftigung mit der Geschichte der Wenden. Da musste ich lachen: Er hatte die Forderung nach *dem Wenderoman* einfach missverstanden, der Wende ein N hinzugefügt und war in die ältere Geschichte gerutscht.
Missverständnisse prägen das Wort Wende, seitdem es erstmals in Zusammenhang mit der DDR benutzt wurde. Es war ein unangenehmer Politiker dieses Staates, der es in dessen vorletzter Stunde im Herbst 1989 einführte – für eine politische Veränderung, die seine Partei unter Kontrolle behalten wollte. Was ihr nicht gelang. Der Begriff aber verselbständigte sich. Er trifft den Sachverhalt wirklich nur sehr ungenau.
Es gibt keinen Begriff, der den Sachverhalt politisch exakt beschreibt, und schon gar keinen, in dem sich die Mehrheit der betroffenen Menschen mit ihren Erfahrungen und Gefühlen gespiegelt sieht. Natürlich waren die 89er Ereignisse auch eine friedliche Revolution – zum Beispiel in Leipzig oder Plauen. Doch viele Leute waren es nicht, die zur staatszersetzenden Empörung beitrugen, als dies noch riskant war – und alle mussten sich auf die rasch mutierenden Resultate der politischen Entwicklung einstellen. Der bald absehbare Einigungsprozess beschleunigte und bremste die selbstbewusst vorgenommene Auflösung der DDR gleichermaßen. Dieser Staat besaß einfach eine Sonderperspektive und ging seinen eigenen Weg. In einer Zeit, in der jede kleine Nation um ihren eigenen Staat kämpft, in der es von Separatistenbewegungen nur so wimmelt, hat er sich zugunsten der Deutschen Einheit aufgegeben. Die Bevölkerung gab Ansätze einer eigenen Identität bewusst auf, um sich in Bundesdeutsche zu verwandeln. Und zwar mehrheitlich nicht, um die bundesdeutsche Republik zu verändern, sondern um sie als Erfolgsmodell eins zu eins nachzuerleben.
Der letzte radikale Systemwechsel war 1945 unter solch (unvermeidlich) katastrophalen Umständen erfolgt, dass die meisten Menschen sich zwar grundlegende Veränderungen wünschten, doch sie sollten sich so wenig spektakulär wie nur möglich gestalten. Deshalb wünschen sich nur wenige Ostdeutsche den 9. Oktober als nationalen Feiertag – obwohl dieser Termin der einzig angemessene wäre, erinnert er doch an jene Riesen-Demo 1989 in Leipzig, die der Drohung, sie gewaltsam aufzulösen, standhielt: ein Tag mit europäischen Dimensionen, der die Macht so grundlegend verunsicherte, dass sie einen Monat später die Mauer öffnete. Eher aus Versehen als in einem Akt strategischen Handelns.
Der Begriff Wende spiegelt die Irritationen, Hoffnungen und Befürchtungen vieler wider. Er hat sich nicht trotz, sondern wegen seiner Ungenauigkeit durchgesetzt: als Bezeichnung für den speziellen Vereinigungsweg eines Staates, der keiner mehr sein wollte. Die Wende war nur möglich, weil es Menschen gab, die nicht mehr nur auf eine Wende warten wollten.
Begriffe wirken mit einem Mal anders als zum Zeitpunkt ihres Entstehens. Durchschnittlicher, normaler, weniger feindlich. Und Erinnerungen stören immer wieder die Gegenwart, betäuben sie. Die Vergangenheit löst sich in angenehm verschwommene Bilder auf. Die Geschichte droht in der Mediengesellschaft ohnehin zum Kaufhaus zu werden, aus dem sich jeder aussucht, was ihm gefällt. Sich alles einmal ansehen, ohne sich zu sehr anstrengen zu müssen. Die nicht in eine sichtbare Katastrophe mündende Vergangenheit als Ruhepol in einer viel zu hektisch ablaufenden Zeit. Und als Unzufriedenheitsstifter. Als habe die DDR lauter kleine Zeitzünderbomben gelegt, die sich erst Jahre später durch den Vergleich des Status quo mit der Vergangenheit plötzlich schärfen und Verärgerung in der Gegenwart auslösen.
Manche Erinnerungen sind mit Komik grundiert und entlarven sich so als das Herbeifühlen einer Kindheit – einer Kindheit, die sich eben zufällig im Osten abspielte. Hätten die zuerst in Jena einrückenden Amerikaner 1945 Thüringen nicht gegen die Westberliner Besatzungszonen getauscht, wäre ich im Westen aufgewachsen. Natürlich sind Fakten eine gute Medizin bei DDR-Entzugserscheinungen, Analysen die beste Therapie. Aber die Seele lebt von Gefühlen und Erinnerungen. Ich bringe gern ein winziges, aber eindrückliches Beispiel aus dem eigenen Leben:

Ich liebte in der DDR die Zahnpasta »Putzi« mit Bananengeschmack. Ihr fehlte die für Zahnpasta übliche Schärfe, um die Kinder früh an das Benutzen der Bürste zu gewöhnen. In gewissem Sinn war es nur eine Ersatzzahnpasta. Bananen gab es in der DDR selten zu kaufen. Putzi dagegen fast immer. Man konnte sie gefahrlos schlucken und essen oder zum Wettspritzen aus der Tube quetschen. Irgendwie enttäuschten mich später die ersten richtigen Bananen, sie schmeckten gar nicht nach der entsprechenden Putzi-Sorte.

Die steinernen Hinterlassenschaften einer Zeit bleiben als handfeste Tatsachen. Und doch ändern sich nicht nur die Plakate vor und die Inschriften auf ihnen. Mitten in der Aufführung ändert sich das Stück, und die Kulissen werden saniert, aufgehübscht oder ausgetauscht, oder sie vergammeln jetzt erst richtig, weil Unentschlossenheit herrscht oder die Besitzverhältnisse ungeklärt sind. Gut, dass Harald Hauswald einiges davon fotografiert hat. Und heute Kontraste registriert, die morgen schon wieder historisch sein werden.
Wenn es eine Stelle gibt, an der mein Text in unserem Ost-Berlin-Buch von 1987 unfair gerät, dann ist es jene über das Neubaugebiet Marzahn. Weil ich die Stadt Berlin davor schützen wollte. Und mich selbst: Zwei Mal wurde mir mit Familie so eine Wohnung für den Umzug angeboten. Um uns wegzukriegen aus der Innenstadt, wo die West-Korrespondenten und die renitenten Freunde lebten. Ich hasste Marzahn, das ich kaum kannte, weil ich die politischen Absichten hinter der Planung ablehnte. Damit ideologisierte ich eine stadtplanerische Entscheidung. Dabei stand der Staat vor der Entscheidung zwischen mehreren pragmatischen Varianten, die ihn finanziell und konzeptionell alle überforderten. Beim sozialen Wohnungsbau im Westen gab es vergleichbare Probleme. Die DDR jedoch musste jede Notlösung (möglichst schnell möglichst viele möglichst billige Wohnungen) auch noch als große Errungenschaft verkünden. Dieser Geste galt mein Spott zu Recht. Ansonsten aber habe ich ein generell mitteleuropäisches Problem als speziell realsozialistisches sehen wollen. Dasselbe gilt für den Abriss der Gasometer im neu geschaffenen Thälmann-Park in den achtziger Jahren. In der ursprünglichen Fassung von »Ost-Berlin«, O-Ton 1987:

Ich erzähle von dem bis 1981 produzierenden Gaswerk, auf dessen Gelände der Park entsteht. Drei mehrgeschossige Behälter. Im Innern umlaufende Galerien, eine mit Flachkuppel nach Schwendlerscher Tradition. Ein oft benutztes Zitat aus »Die Bau- und Kunstdenkmale der DDR«, herausgegeben vom Institut für Denkmalpflege, kann ich langsam auswendig: »Als weithin sichtbare, für den Stadtbezirk Prenzlauer Berg charakteristische Bauten und als interessante technische Denkmale ist ihre Erhaltung und Einbeziehung in die in den nächsten Jahren entstehende Parkanlage beabsichtigt.« War beabsichtigt gewesen. Im August 1984 wurden sie weggesprengt. Beim ersten sandsackgedämpften Knall blieb ein Mauerzacken trotzig stehen. Beifall der zahlreichen Zuschauer für den Widerstand der Steine. Ein Rammbock musste her.
Ich berichtete von den Kontrollen schon Tage zuvor. Etliche Fotografierer mussten auf dem Polizeirevier erklären, für wen man fotografiere, wen man im Westen kenne. Andere knipsten unbehelligt … Auch hier gab es Proteste, nicht in organisierter Form. Einspruch des Denkmalschutzes, Tausende Eingaben von Bürgern, privat hergestellte Postkarten kursierten. Sechs Uhr früh sollte einmal eine Demonstration sein. Das Gerücht mobilisierte lediglich mehrere hundert Polizisten. Sie demonstrierten ihre Wachsamkeit und vertrieben zufällige Passanten.

Auch Harald Hauswald fotografierte damals den Abriss heimlich. Einige prägnante Fotos entstanden. Eines sah später ein Redakteur einer großen westdeutschen Boulevardzeitung. Hätte er es früher bekommen, dann wäre Harald einmal auf der Titelseite dieses Blattes gewesen. Aber nicht alle verspielten Möglichkeiten ärgern wirklich.
Die Gründe für die Beseitigung? Letztlich fehlte es der Stadt wie dem Staat nur an Geld für eine richtige Sanierung. Allein die Reinigung des Bodens von dreckigen Industriehinterlassenschaften erwies sich als recht teuer. Hinzu kam: In einem der Gasometer wurden ungenehmigt Filme gedreht, ein Happening inszeniert, eine Rockgruppe spielte auf dem Dach. Die Angst vor einem Ort, der zu unerwünschter anarchisch-kreativer Betätigung verlockt? Sicher, aber viel mehr ging es um ganz banale Knappheit an Finanzmitteln.
Nur für das mäßig pompöse Thälmann-Denkmal reichte noch das Geld. Damals ein Objekt höhnischer Verachtung. Aber eigentlich dachten auch da die DDR-Planer weiter als ihre Kritiker. Denn wie spottete einer: »Der real existierende Sozialismus muss sich Denkmäler setzen, damit man nach seiner Zeit noch an ihn denkt.«

1983

Das ist kein Nachkriegsbild – sondern so sah es wirklich in der Endphase der DDR an bestimmten Punkten Berlins aus. Die spielenden Kinder fanden in diesem Hinterhof an der Kastanienallee in Prenzlauer Berg eine spannende Kulisse für ganz eigene Inszenierungen.

2005

Derselbe Hof gut zwanzig Jahre später. Die Wohnungen sind renoviert, das Umfeld ist grüner, sauber und adrett. Die Kinder müssen heute ein paar Regeln mehr einhalten. Trotzdem: Der Bezirk ist der Ort mit den meisten Kindern pro Einwohner in den neuen Bundesländern.

1986, 2000

1987, 2005

Viele Orte im östlichen Teil Berlins sind heute kaum mehr wieder zu erkennen für den, der Ende der 80er Jahre zum letzten Mal hier war. Das bröcklige Alte wurde vom schönen Neuen ersetzt. Oder das gemütliche Alte vom sterilen Neuen? Links sehen wir ein Haus an der Choriner Straße, den Park findet man am Weinbergsweg – beides in Prenzlauer Berg gelegen, wie vieles in diesem Buch.

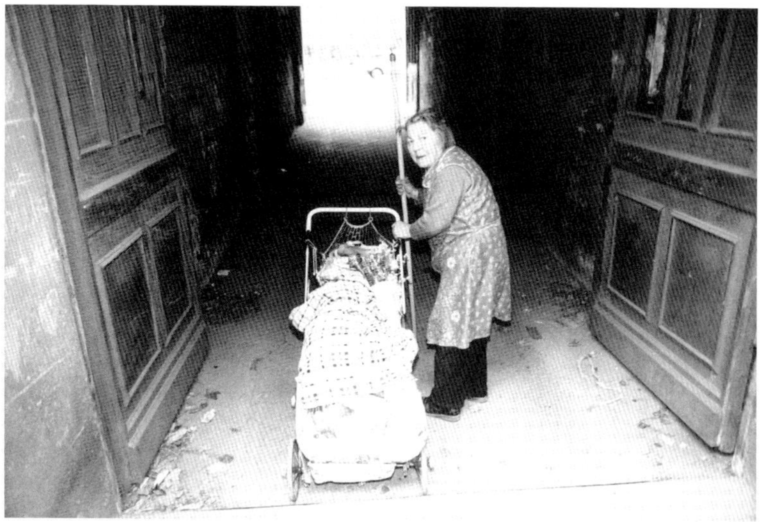

1985, 1999

1984, 2005

Eine der besten Fleischereien Ost-Berlins fand man in der Oderberger Straße. Trotz umfangreicher Sanierung überlebte der Laden nicht. Rechts ein Hofdurchgang an der Kastanienallee. An manchen Stellen, an denen Berlin früher am tristesten schien, machen sich heute die tollen neuen Orte dieser Republik breit. Doch die Stadt hat ein bemerkenswertes Beharrungsvermögen gegen den teuren Schick.

1982

2001

Die wirkliche deutsche Leitkultur findet man auf den Straßen – im Osten wie im Westen. Die DDR übernahm hier den Part des Komischen, Bastelfreudigen, liebevoll Improvisierenden. Hier kamen sogar im Alltag noch Oldtimer zu Ehren, wie dieser in der Kastanienallee. Inzwischen ist die neue Zeit mit ihren neuen Wagen bis in die letzte Stadt der Nicht-mehr-DDR eingefahren.

1982, 2005

1984, 2005

An kaum einer anderen Stelle hat sich die ehemalige DDR so stürmisch gewandelt wie in Prenzlauer Berg. Wo früher die Gaststätte »Am Wasserturm« Tristesse verströmte, wird heute sogar der Sitzplatz auf dem Trottoir beheizt. Und wo es sich früher alternativ lebte – wie hier in der Ackerstraße –, sind die Wohnungen luxussaniert und von den ehemaligen Bewohnern nur noch wenige zu finden.

1983

Schönhauser Allee. Zwei Bänke mit Symbolcharakter: Die Menschen scheinen jede Menge Zeit zu haben. Und zugleich scheinen sie sich stumm zu verstehen.

2000

Mit der Muße ist es vorbei. Hat hier jemand seine Sachen vergessen, als dringende Geschäfte ihn riefen? Oder ist es nur das abgeworfene Gepäck spielender Kinder?

1983, 2000

1986, 2000

Das Rondell am Hintereingang zum S-Bahnhof Schönhauser Allee ist frisch gepflastert und mit Pflöcken versehen – aber hat sich dadurch die Lebensqualität erhöht? Der Kiosk an der Dänenstraße ist heute bunter – doch hat sich das Stadtbild dadurch verbessert?

1983, 2000

1986, 2001

Hinter dem S-Bahnhof Schönhauser Allee würde man kaum noch etwas wieder erkennen, hätte man der Eselsbrücke nicht das Geländer gelassen. In der Lottumstraße hingegen fallen außer den geputzten Fassaden nur die frisch gepflanzten Bäume auf.

1984

Schon immer eine der spannendsten Ecken dieser Stadt: die Kreuzung Schönhauser Allee/Eberswalder Straße mit ihrem U-Bahnhof.

2005

Nach fünfzehn Jahren Umbau ist Berlin noch immer eine Baustelle. So wirkt die Gegenwart mancherorts noch provisorischer als die Vergangenheit.

1981, 2005

1989, 1990

In Prenzlauer Berg fühlt man sich heute politisch und kulturell engagiert und fährt teure Autos. Links die Rykestraße mit Blick zum Wasserturm. Rechts ein Wohngebietsfest in der Oderberger Straße und kurz darauf der Einzug der Hare-Krishna-Anhänger.

1984, 2000

1985, 1998

Ein Mann aus Baden-Württemberg kommt zu einer Berliner Maklerin: »Ich brauche eine schöne Wohnung, aber im Westen bitte, am besten am Prenzlauer Berg!« Links die Schönhauser Allee, rechts Pappelallee, Ecke Schönhauser Allee.

1987

Der »Pfefferberg« nahe des Schönhauser Tors, benannt nach einem eingewanderten bayrischen Bierbrauer namens Pfeffer, ist eine ehemalige Brauerei, die zu DDR-Zeiten der Volkspolizei als Schießstand diente.

2000

Im größten Kellergewölbe Berlins wird heute zwar kein Bier mehr gebraut, dafür umso mehr Bier getrunken. Der »Pfefferberg« bietet jetzt Konzerte, Ausstellungen und sonstige Kultur und beherbergt einen beliebten Biergarten.

1987

Berlins ältester und schönster S-Bahnhof hieß mal »Börse« und fristete sein Dasein als reiner Nutzbau.

2005

Heute heißt er »Hackescher Markt« und bildet die Kulisse für einen Touristen-Auftrieb sondergleichen.

1985, 2000

1987, 2005

Kleingewerbe und Einzelhandel haben es inzwischen schwer im Regierungsbezirk Berlin-Mitte, in dem viele flanieren sowie sehen und gesehen werden wollen, aber nur noch wenige wohnen. Links die Gormann-, rechts die Tucholskystraße, beide in einem der »angesagtesten« Kieze der Hauptstadt, der Spandauer Vorstadt.

1982, 2000

1984, 1998

Das Tacheles in der Oranienburger Straße (links) durchlebte nach dem Verschwinden der DDR als kultureller Experimentierraum die verschiedenen Stadien der real existierenden Anarchie. Das Postfuhramt schräg gegenüber sucht noch nach einer neuen Bestimmung, während die Trottoirs bereits von der Gastronomie okkupiert wurden.

1988

In den Intershops (wie hier am Bahnhof Friedrichstraße) gab es Waren, die es woanders in der DDR nicht gab – aber nur für Westgeld. Hier kauften Gäste aus der BRD und West-Berlin ein. Und DDR-Bürger, die ihre geschenkten oder illegal eingetauschten D-Mark sinnvoll verwenden wollten. Die mussten sie allerdings vorher noch einmal umtauschen: in so genannte Forum-Schecks der Staatsbank der DDR.

2005

Konnte der West-Gast damals mit seinen begehrten »konvertierbaren Währungen« wie D-Mark oder Dollar in der DDR noch leben wie ein Fürst, wenn er sie zum Schwarzmarktkurs in Ostmark tauschte, so sind im Zeitalter des Euro alle Menschen gleich arm dran. Die Gaststätte, die den Intershop ablöste, wird vermutlich dennoch florieren: hauptsächlich die Gastronomie – vor allem im Bezirk Mitte – profitiert vom boomenden Berlin-Tourismus.

1985

Zum 1. Mai veröffentlichten die Zeitungen immer Losungen. Waren es 99 oder 100? Jedenfalls waren sie säuberlich durchnummeriert. Einmal hängte einer in Jena ein Plakat ins Fenster: »Wie jedes Jahr zum 1. Mai/bin ich für Losung Nr. 2!« Er wettete, dass die Polizei binnen einer Stunde erscheinen und das Entfernen des Plakats fordern würde. Er gewann und öffnete, zurückgekehrt von einer zwölfstündigen Vernehmung, die gewonnene Flasche Sekt.

2003

Heute befindet sich am Berliner Alexanderplatz ein Casino. Dort zu wetten ist deutlich verlustträchtiger. Dafür kann auch beträchtlich mehr gewinnen, wer Glück hat. Nebenan präsentierten sich im Übrigen Kandidaten zu den DDR-Wahlen. So langweilig wie die Präsentation waren die Wahlergebnisse. Notfalls fälschte man sich die Zustimmung auf 99,3 Prozent – oder 98,8 Prozent in den renitenteren Gegenden der Republik.

1985

Nach 1990 wurde nicht nur restauriert, sondern auch so manches Intakte ruiniert. Hier steht noch das Palast-Hotel dekorativ neben dem Berliner Dom.

1998

Die traurigen Überreste eines der besten Hotels in Ost-Berlin wichen mittlerweile einem neuen Hotel – teurer, komfortabler, repräsentativer.

VERSCHWUNDENES

Die Stimmung in der Zeit unmittelbar nach dem Fall der Mauer mögen Passagen aus einem Tagebuch wiedergeben, das ich zwischen Januar und August 1990 führte, für einen Dokumentarfilm und ein Rundfunk-Feature. Neben Gedichten war dies die einzige fast-literarische Arbeit in dieser schnellen Zeit der permanenten Veränderung. In der viel geredet, gereist, diskutiert, Neues erlebt, demonstriert, rasch kommentiert und neu kennen gelernt worden ist. Ein ganzer Staat wanderte aus Richtung Westen. Ohne sich von der Stelle zu bewegen. Einige mochten um jeden Preis so schnell als möglich und andere wollten am liebsten niemals wirklich dort ankommen.

Berlin von oben. Schäbig blühende Wolkenfabrik. Spraydose, die sich nicht leeren lässt. Eine Platte, die einen Sprung hat. Gerüche tätowieren die Stadt. Am Morgen wachsen, am Abend schrumpfen die Häuser. Verwandle alles durch deinen Fernrohrblick, den ganzen Ort kannst du dir dann in die Tasche stecken. Nimm dir das Leben, es zu genießen.
Solch hymnisches Geflüster gelingt nicht immer. Wo die Stadt doch die Bewohner nervt. Immer genervt hat. Und mit zunehmender Intensität nerven wird. Und ich merke, es fällt schwer, das Thema Ostberlin und das Thema DDR auseinander zu halten. Restberlin als Schrumpf-DDR, der letzte Ort im verschwindenden Staate, in dem Partikel ehemaliger Identität konzentriert fortwirken. Natürlich muss dieses Thema nerven. Weil es so unausweichlich die nächsten Jahre Thema bleiben wird.
Diese Stadt lässt sich nicht in Zeilen zwängen. Plötzlich rennt dir ein Schwein entgegen, ein Mann auf dem Fahrrad jagt hinterher. Das Schwein galoppiert erstaunlich schnell. Das Kopfsteinpflaster bremst den Radler aus dem Viehhof. Verfolgter und Verfolger rücken allmählich zu einem Paar zusammen, das auf der Eisenbahnbrücke verschwindet. Punkte setzen. Zu welchem Raum sie sich verbinden, weißt du nicht.
Ein Dialog, über vier Tische einander zugebrüllt. »Bin zu faul, auf Arbeit zu gehen.« – »Klar.« – »Auch zu faul, den Arzt aufzusuchen.« – »Klar.« – »Und du?« – »Bin gerade auf Arbeit. Den Tag beim Arzt versitzen würde ich nicht. Kannst ja nicht mal in Ruhe Brotzeit machen.« Das war einmal. Und wird nie mehr so sein. Und es war doch kein Märchen.
Das Schauspielhaus auf dem Platz der Akademie [heute wieder Gendarmenmarkt] im restaurierten Glanze. Ich liebe die historischen Zentren nachts. Alle Gebäude in ein sanftes Licht getaucht, zweckbestimmter Nutzung scheinen sie entrückt. Am Tag sollten die Denkmäler vergangener Zeiten eher etwas vom schönen Schein der Macht auf die sie bewahrende Regierung abstrahlen. Seit der Maueröffnung sind mehr Leute nachts zu sehen. Das Museum füllt sich mit Menschen. Trotzdem kennt dieser Teil der Stadt Orte, an denen die Stadt zum Raum wird, der an Wirklichkeiten zweifeln lässt.
Mit einem Freund besichtige ich das Ehrenmal für die im letzten Weltkrieg gefallenen sowjetischen Soldaten im Treptower Park. Völlige Dunkelheit. Mit der Taschenlampe leuchten wir uns einen Weg. Schauen die meterlangen Reliefplatten an: eingemeißelte Geschichte des Krieges in steinernen Bildern. Ergänzt durch vergoldete Sprüche Stalins. Allein in dem riesigen Areal, fühlen wir uns als Akteure einer surrealen Inszenierung. Allerdings mit höchst realen Folgen.
Was bleibt von vierzig Jahren DDR? Eine vielfältige Briefmarkenhinterlassenschaft, die jedes Sammlerherz höher schlagen lässt. Und eine ebenso reichhaltige Neurosensammlung der Bevölkerung.
Was bleibt von vierzig Jahren Berlin/Hauptstadt? Berlin und Hauptstadt. Wir beeinflussen das westliche Stück Stadt; plötzlich wachsen da die Schlangen vor den Geschäften, häufen sich sächsische, thüringische Dialekte, beginnen die S-Bahnen unpünktlich zu fahren und die Verkäuferinnen auf eine freundliche Frage »Weiß ich nicht!« zu antworten. Telefonzellen sind auf einmal kaputt. Die Taxifahrer nölen über diese verstopfte Stadt, als ob sie aus Ostberlin vor der Wende stammten. Während in Berlin/Noch-DDR jeder ein marktgerechtes, dienstleistungsfähiges Gesicht vorzuzeigen sich bemüht, verschlampt Westberlin auf höchst interessante Art und Weise. Es verostet. Unser Berlin lebt dort weiter. Ein Rollentausch. Westen und Osten wechseln noch einmal ihre Funktion, bevor sie sich auflösen.
»Wartet nur ab!« droht ein Lehrer, den ich nicht zu dem Lehrer schlechthin stilisieren möchte. »Wartet nur ab! Bald ist Schluss mit eurer schlechten Lerneinstellung und Disziplinlosigkeit! Jetzt kommt endlich der Kapitalismus, der wird euch arbeiten lehren, wenn ihr nicht obdachlos auf der Straße betteln gehen wollt!«
Nein, ich schreibe keine Satiren mehr. Wozu die Mühe – es genügt zu zitieren. »Ich genieße den Abriss der Mauer, er verschafft uns die Möglichkeit, den Ex-Klassenfeind als Geschäftspartner zu betrachten«, äußert ein Volkspolizist, jetzt Mitarbeiter bei einem privaten Wachschutz. Nein, keine Satiren mehr. Zum Beispiel über Kurt Hager, aus Wandlitz zugezogener Neuberliner und DDR-Reinheits-

wächter in ideologischen Fragen. Auch er wusste nichts und ahnte wenig. Er erläuterte einer bundesdeutschen Zeitung, am Tage hätten sie falsche Informationen erhalten und am Abend hätten sie sich mit Westfernsehen abgelenkt, blenden lassen von seinem Glanz.

Im Sommer 1988 schrieb ich für das westdeutsche Zeitgeistmagazin »Tempo« die folgende Notiz:

Nein, ich schreibe keine Satiren mehr. Die Grufties ziehen in stetig wachsenden Gruppen zu Friedhöfen und buddeln nach Schädeln und Skelettresten. Auch hierzulande, besonders in spirituell anfälligen Gegenden. In Berlin bleibt es nachts in der Regel ruhiger, für Leichenteilesammler sind die hauptstädtischen Anlagen wenig attraktiv, zu viele Feuerbestattungen. Kein Grund, bissig zu werden.
Gegen ein Uhr in einer lästig heißen Spätsommernacht. Ich pumpe mich mit Flüssigkeit voll, damit der Schweißfilm auf der Haut nicht reißt. Andere halten sich anders frisch. Vor zwei Stunden hörte ich von der Straße den Ruf: »Juden raus aus Ostberlin!« Am Nachmittag besuchte mich ein Freund, er kam mit dem Zug aus Leipzig. Er erzählte, Fußballfans hätten immer wieder antisemitische Sprechchöre skandiert, so einen von dem »Juden-Ostberlin«. Ich bin also schon Teil einer Krankheit, von der sich andere bedroht fühlen. Ich denke an die Fliegen. Stundenlang arbeitete ich am offenen Fenster und sah keine einzige. Nach einem kurzen Gang in die Küche aber wimmelte es plötzlich auf dem Schreibtisch von ihnen. Als wäre sie schon immer ihr Zentrum gewesen, schwirrten zwanzig bis dreißig Tiere um die Schreibmaschine. Wo waren sie zuvor? Wo sammelten sie sich? Es sind ja nur Fliegen … Dieser Gedanke verscheucht die Spur Angst, als ich mich an die Schreibmaschine setze. Fast wähnte ich sie im Besitz der Insekten. Eines zerquetsche ich mit einem schnellen harten Anschlag des G.«

Die Notiz wurde nie veröffentlicht. Man zahlte mir ein Ausfallhonorar. Es gab halt wichtigere Themen. Und welche, die besser verständlich waren als Rechtsradikalismus in der DDR.

Die Zeitzünderbombe DDR mit Berlin als Zünder wurde durch die Grenzöffnung entschärft. Die Wahrnehmung der Bevölkerung war in doppelter Hinsicht beschnitten gewesen, und das blieb nicht ohne Folgen. Eingesperrt, weitgehend isoliert von der restlichen Welt, dazu extrem sprachlernfaul, waren die Menschen zusätzlich durch eine Ideologie bevormundet. Das erzeugte ein Aggressivitäts- und Angstpotential, das nun mitgeschleppt oder geschickt abgebaut werden muss. Ein paar Äußerungen zeigen drastisch, wie leicht der Staat depressiv-destruktive Neigungen seiner Bürger für einen militärischen Angriff hätte nutzen können. Ein jüngerer Mann: »Klar mache ich bei Reservistenübungen der Armee mit. Besonders Übungsschießen. Wir stellen uns immer vor, wir erschießen das Kommunistenpack, das befriedigt.« Ein älterer Herr macht im September 1989 in der S-Bahn drei Soldaten an: »Habt Ihr keinen Mumm?! Nehmt euren Mut zusammen und greift die drüben endlich an! Warum vertreibt ihr nicht einfach die Amis, damit Deutschland endlich wieder eins wird!« Aber das sind Episoden für ein anderes Buch.
Ein 5. Oktober, Mitte der achtziger Jahre. Drei Abende hintereinander rollten Panzer zur Probe für den Jahrestag am 7. über die Frankfurter Allee. »Das üben sie nun schon über dreißig Jahre und haben es immer noch nicht begriffen!« fluchte der Taxifahrer, weil er wegen der abgesperrten Straße wieder einen Umweg fahren musste. »Aber bei 25 D-Mark Eintritt sind wir der teuerste Zoo der Welt. Da müssen wir Affen den Besuchern ja was bieten!« Wer sich heute wundert, wie viele sich ihren Staat radikal wegwünschen, der hätte früher Taxi fahren sollen.
Ein Polizist erklärt einem Journalisten: »Ich habe mir Mühe gegeben, immer ein Mensch zu bleiben. Heute freue ich mich darauf, ein deutscher Beamter zu werden.«
In der meistgelesenen Tageszeitung ist zu lesen, die ostdeutsche Bevölkerung sei sexuell aktiver. Besonders die Frauen kämen im Osten häufiger zum Orgasmus als ihre bundesdeutschen Gefährtinnen. Diese lustvolle Vereinigungsbereitschaft musste ja auf politischem Gebiet durchschlagen.

Unter dem 3. Februar 1990 notierte ich in meinem Tagebuch:

Gestern auf dem Friedhof gewesen, der die drei Friedhöfe vereint. Die Toleranz der Toten. Die Engel von Harald Hauswalds Mauerfoto werden gerade restauriert. Keine Aufnahme aus dem Berlin-Buch wurde so oft reproduziert wie die vor der Mauer knienden Engel. Jener Ort war erst wenige Tage vor dieser Aufnahme für die Öffentlichkeit wieder zugelassen worden. Zuvor galt alles als Sperrgebiet. Nun stehe ich vor einer Mauer, die ihre ursprüngliche Funktion verloren hat. Die Stille des Friedhofs bewahrt das Schweigen einer Diktatur, die diese Mauer ausstrahlte. Ein Klischee zitiert das Leben.
Nun kann ich jederzeit rüber.
Nun würde ich gern einen Tunnel graben, allein die ehemalige Grenze unterwandern. Keiner soll sehen, wann ich mich wohin bewege. Die Grenze individuell überklettern, abseits der Massen. Die einzig würdige Art, die DDR zu verlassen, war ohnehin immer die Flucht.

Hätte ich meinen eigenen Tunnel, stieße ich vielleicht auf die letzten Sicherheitsmaulwürfe des rumänischen Diktators. Mit spezieller Technik graben sie sich durch Europa. Der Trupp, der mir begegnet, hat die Richtung verfehlt. Eigentlich wollte er nach Albanien. Über die Fehlgrabung sind die Maulwürfe so entsetzt, dass sie vergessen, mich zu erschießen.

Im März 1990 schrieb ich:

In einem Hinterhof hängt ein DDR-Fähnchen. Schüchtern und trotzig dorthin platziert, wo es keiner runterreißen kann. Aus einem Ritual der Anpassung wird eine Geste des Widerstands.
Der Wunsch nach Vereinigung beider Berliner Städte entspringt bei vielen dem Bedürfnis, die alten Institutionen im Osten zu zertrümmern – der Angst, es sonst nicht zu schaffen. Bei anderen kommt er aus der Sehnsucht, diese in veränderter Weise zu erhalten – denn der Westen ist nicht an einem Chaos, am Infragestellen jeglicher Autorität interessiert. Für die Vereinigung der beiden deutschen Staaten gilt das im Grunde genauso.

Der 1. 7. 1990 – die Währungsunion:

Ein Staat reist aus. Ins andere System. Heute Nacht schafften die Müllfahrer den Abfall nach zirka vierzehn Tagen Streik weg. Früher wäre so ein Streik Sensation in der Stadt gewesen. Heute weiß ich nicht mal, wie lange sie genau streikten. Ich weiß nur, dass im Zeichen der Ostmark nichts sie hätte dazu bringen können, in der Nacht vom Samstag zum Sonntag Müll zu entfernen.
Die Beerdigung einer Währung. Ein Hauch von Anarchie begleitet sie – so vollständig kann die Autorität eines Staates aufgelöst werden. Eingeschmolzen. Enthusiastisch, wehmütig, ängstlich, fröhlich, besoffen, stolz und irritiert verabschieden wir uns von dem Geld, das nicht nach Geld klingt. Münzen unter einer Mark gelten erst einmal weiter. Eigentlich wird jetzt, bei seinem Verschwinden, das Ostgeld der Westmünze zum ersten Mal ebenbürtig. Zum ersten Mal klimpert das Kleingeld beider Währungen gleichberechtigt in den Portemonnaies. Diese Aufwertung bei der Abwertung hat Grenzen. Zu viele Automaten sind schon westmünzsüchtig, wenn sie funktionieren sollen. Und die Menschen? Begeisterungspfiffe, Böllerschüsse, Raketen um Mitternacht. Mancher kracht sich Mut zu. Und zeigt, dass er zum Jahreswechsel einen Teil seines Geldes in Feuerwerkskörper angelegt hatte.
»Uns Rentnern ging es vorher schlecht, jetzt geht es uns anders schlecht!« sagt eine alte Frau, die bis Mitternacht ihr Ostgeld vertrinken will.
»Scheißosten, dieser Westen – nicht mal mehr richtig auf den Osten schimpfen kann man im Osten! Weil er ja schon Westen ist«, erklärt ein Mann. »Wenigstens kann ich in Ungarn jetzt den großen Max markieren – als Westler!«
Menschen laufen forschend durch die Kaufhallen. Suchten sie früher selten angebotene Westwaren, so versuchen sie heute etwas aus der (noch) einheimischen Produktion preiswert zu ergattern. Alles ändert, wendet und windet sich. Manches und manche ändern sich nur langsam. Am langsamsten jene, die sich sehr rasch ganz anders verhalten.
Schauen wir über den europäischen Tellerrand und mit den Augen eines amerikanischen Kritikers auf uns zurück. Boria Sax notierte zum Ost-Berlin-Buch: »Die ungebrochene Folge weißer Gesichter in Hauswalds Fotografien erzeugt bei einem Amerikaner den Eindruck von Unwirklichkeit.« Die ethnische Homogenität der DDR-Bevölkerung – selbst im internationaleren Ostberlin – befremdet diesen weißen Amerikaner.

Im Oktober 1989 schockierte mich der Anruf von Agnes Stein, der englischen Übersetzerin unseres Ost-Berlin-Buches. Der Londoner Verlag wollte es nicht mehr veröffentlichen, da er nicht wüsste, ob bis zur Auslieferung Ostberlin noch existiere. Das weckte Reste patriotischer Gefühle. Diesen Abgang mochten wir von niemandem herbeireden lassen, wir wollten ihn zumindest aktiv-kreativ mitgestalten. Heute gestehe ich: Niemand sah die Auswirkungen der Maueröffnung präziser voraus als jener englische Verlag.

»Man muss jetzt auch mal streiken. Das gehört dazu. Obwohl ich lieber arbeite, als streikend herumzusitzen. Aber ich muss mich eben umstellen«, erklärt mir ein Arbeiter aus einer Druckerei.
Doch die vorauseilende Panik hier entspringt nicht nur der berechtigten Angst vor westlichen Produktionsbedingungen. Ich sehe in ihr eine psychologische Frühfolge einer Diktatur: Die kreativitätshemmende Entmündigung offenbart jetzt ihre Wirkung. Der Mensch glaubt nicht mehr, einen eigenen Mund zu haben. Selbstbewusstsein kann aber nur über Auseinandersetzung mit der eigenen Vergangenheit zurückgewonnen werden. Ignorantes Hinwegsehen über scheinbar Vergangenes (zum Beispiel Staatssicherheit) lähmt die Fähigkeit, gegenwärtige Probleme zu erkennen.
Ich gebe zu, ich weiß nicht recht, was mich mehr nervt, diese deutschelnde D-Mark-Zufriedenheit (»Jetzt muss einfach alles besser werden«) oder jene Glorifizierung der guten alten realsozialistischen Zeit.

»Wer beherrscht jetzt noch einen schmissigen preußischen Stechschritt«, klagt ein Westberliner, »wenn mit der DDR Wachregiment und Wachablösung wegfallen?!«
Um Berlin als Hauptstadt muss sich der Rest von Deutschland mehr kümmern, als ihm eigentlich lieb ist. Beide Seiten der Stadt, mit viel Geld zum Schaufenster des jeweiligen Systems hochgepuscht, befinden sich auf einem Besonderheitstrip, der sie leicht vergessen lässt, auf wessen Kosten sie leben. Seit der Vereinigung bräuchte Berlin Deutschland gar nicht mehr – außer zum Finanzieren. Berlin als Hauptstadt wider Willen, die den Staat, dessen Haupt sie sein soll, eher als Fremdkörper empfindet? Ein Reservat für DDR-Sehnsucht? Neue Metropole für Osteuropa? Die erste Vielvölkerstadt Deutschlands? Berlin als Burg inmitten der Festung Europa, die sich gegen eurasische Völker auf der östlichen Seite und das Schmelzwasser des Nordpols auf der anderen behaupten muss? Eine unberechenbare Hauptstadt lässt Deutschland berechenbar bleiben. Vielleicht zerfällt Berlin ohnehin in verschiedene Städte, ich glaube an die Realität der Absurdität.
In Zeiten, in denen keiner die Vereinigung beider Städte, beider Länder für realistisch hielt, bewegte sich dieses Land, diese Stadt unmerklich auf sie zu. In diesen Zeiten, in denen jeder die endgültige Vereinigung herbeiwünscht oder sich mit ihrem Kommen abgefunden hat, könnte das Aufeinanderzu-Bewegen unverhoffte Energien der Distanz freisetzen, die eine endgültige Verschmelzung blockieren. Werden wir in zwanzig Jahren im Osten von Berlin noch merken, dass wir uns im ehemaligen Ostberlin befinden?
Alles ist vorbei. Alles fängt an. Eins plus eins gleich unbekannt. Weiter die Teile zu dem Puzzle Berlin zusammensuchen. Für ein Bild, das nie fertig sein kann.

1976

In der DDR passierten mitunter Dinge, die niemals hätten passieren dürfen in der DDR. Zum Beispiel, dass ein Soldat mitten im Marschtritt den Blick nicht vorschriftsmäßig geradeaus hält, sondern den Fotografen angrinst. Kleine Disziplinlosigkeiten wie diese in Dresden hielt Harald Hauswald besonders gern mit der Kamera fest.

2005

DDR-Militärisches hat inzwischen fast nur noch nostalgischen Wert. Jeder kann sich nun seine eigene DDR zusammenkaufen. In Spezialgeschäften und Versandhandlungen – oder als Ramsch pur wie hier auf der Berliner Schlossbrücke. Ein untergegangener Staat als Quelle komischen Ernstes und ernst gemeinter Komik.

1986

Die ewige Flamme für die Opfer von Faschismus und Militarismus in der Neuen Wache – preußisch exakt bewacht.

2003

Heute bedauert so mancher, dass niemand mehr in Berlin einen ordentlichen Stechschritt beherrscht. Skater bereiten weit weniger Aufsehen.

1984

Die vormilitärische Erziehung erreichte auch einmal den Weihnachtsmarkt am Berliner Alexanderplatz. Doch der kleine Panzer im Karussell verschwand schnell wieder, als sich die friedliebende DDR durch Bilder wie dieses verunglimpft sah. Ob die Kleinen Verständnis dafür hatten?

2005

Noch ein Panzer am Alex. Der scheint allerdings keinerlei Eindruck zu machen. Da müsste man schon mit einem echten auffahren. Aber die noch in Deutschland verbliebenen Panzer der Sowjetarmee dienen heute ehemaligen Offizieren dazu, auf dem Lande Zivilisten zu schulen.

1986, 2000

1991, 2000

Damals Sowjetunion, heute Russland – durch seine pompöse Botschaft Unter den Linden und das Kulturzentrum in der Friedrichstraße ist das offizielle Russland noch immer eindrücklich präsent. Während die Wachtürme, die einst die Mauer sichern halfen, fast restlos verschwunden sind. Auf dem Foto passieren einige abgebaute Exemplare gerade das »Ahornblatt«, eines jener der DDR-Bevölkerung lieb gewordenen Bauwerke, die gegen heftigen Widerstand abgerissen wurden.

1983, 2000

1980, 2005

Da in den 80er Jahren für kaum jemanden vorstellbar war, dass Sowjettruppen und Mauerwachtürme jemals abgezogen würden, verließen viele die DDR lieber selbst – »nach gegenüber«, in den Westen. Früher wollten viele gehen, durften aber nicht, während heute manche bleiben wollen, aber nicht dürfen. In einem anderen Punkt hat sich nichts geändert: Politiker lassen sich gern in teuren Limousinen durch die Hauptstadt fahren, möglichst unbehelligt von den Menschen, die sie regieren.

1981

Ein besonderes Zeitdokument: Willkürliche Personenkontrolle auf dem Alex. Der Volkspolizist gibt über seine Sprechfunksäule die Daten eines verdächtigen Jugendlichen durch. Hat er vielleicht Berlinverbot? Einem genuschelten »Guten Tag!« folgt die Forderung: »Ihren Personalausweis zur Kontrolle!« Wie oft habe ich diesen Satz gehört in jener Zeit?

1990

Wer keinen Ausweis vorzeigen konnte oder sich gar der Polizei widersetzte, kam nicht weit. Um so renitenter ging es bei Fußballspielen des Union Berlin in der Alten Försterei zu. Sportveranstaltungen und Anlässe wie das Baumblütenfest in Werder/Havel waren immer für eine Prügelei mit den Ordnungskräften gut. Daran änderte die Deutsche Einheit nichts.

1984

Die ruhmreiche Rote Armee besichtigt die kulturellen Sehenswürdigkeiten Dresdens. Der berühmte Fürstenzug scheint den Sowjetzug allerdings nicht sonderlich zu beeindrucken.

2005

Die heutigen Touristen sind da weitaus interessierter. Auch japanische Reisegruppen beehren die Stadt an der Elbe gern. Dresden ist fast ein Muss für jeden Deutschlandbesucher.

1984

Militäruniformen gehörten ins Alltagsbild – in Dresden wie überall in der DDR.

2005

Heute kann eine Uniform wieder Aufsehen erregen – erst recht auf den Brühlschen Terrassen.

1989

Ein Volk schert sich nicht mehr um die Uniformen. Dezember 1989: Mit der Öffnung des Brandenburger Tores wankt das realsozialistische Bündnissystem seinem Ende entgegen. So wird das Symbol der Teilung Berlins und Deutschlands endlich wieder zum wirklichen Tor.

2005

Das Brandenburger Tor heute: keine Grenze mehr, sondern nur noch geschichtliches Symbol und eine Kulisse für Spektakel jeglicher Art. Hier wird das Tor von einem Panoramaplakat verdeckt, das die Situation nach dem Untergang des NS-Reiches im Jahre 1945 zeigt.

1989

Wäre die DDR ein ganz normaler Staat gewesen, hätte sie nicht unablässig ihre reale Existenz inszenieren müssen. So aber versuchte sie ständig mit Paraden und anderen Großveranstaltungen zu beweisen, wie agil und lebensfähig sie sei. Als ahnte sie schon ihr Scheitern. Das Foto zeigt den Schlossplatz und im Hintergrund das Außenministerium.

2000

Von der Jubel- zur Protestkultur. Wer Aufsehen erregen und die Medien aufmerken lassen will, muss sich schon etwas Besonderes einfallen lassen. Hier die Künstleraktion »Dreckige Wäsche waschen« auf dem Schlossplatz. Sie war an den Bundeskanzler gerichtet, der damals im ehemaligen Staatsratsgebäude residierte.

1989

Die Ossis mochten ihn, für viele Wessis wurde er zum verhassten Überbleibsel eines untergegangenen Staates: der Palast der Republik, in dem nicht nur die Sitzungen der Volkskammer stattfanden, sondern auch populäre Veranstaltungen der unterschiedlichsten Art.

2005

Schon 1990 wegen Asbestverseuchung geschlossen und später entkernt, fristete der Palast fünfzehn Jahre lang ein unnützes Dasein, bis man ihn als Ausstellungsort für moderne Kunst urbar machte. Aber da hatte die Bundesregierung bereits seinen endgültigen Abriss beschlossen.

1986

Unweit des heftig umstrittenen Palastes der Republik und des Berliner Doms haben die Gegner aller Paläste und Religionen eine Heimstatt gefunden: Karl Marx und Friedrich Engels werden in dem nach ihnen benannten Forum, einer kleinen Grünanlage, aufgestellt.

2005

Das Marx-Engels-Forum bleibt unangetastet, nicht aber die beiden Figuren. Gern beklettert, gelegentlich beschrieben, regen sie niemanden auf. Aber sind sie nicht wie ein Symbol des Sieges des Ostens über den Westen? Die neue Mitte liegt fraglos in Ost-Berlin.

PROVINZIELLES

Nur ein Wort erfasst präziser als »Wende« die Gefühle und Erlebnisse vieler Menschen bei und nach der Maueröffnung: »Wahnsinn!« In den Tagen damals oft gerufen, gestammelt, gegrölt, gesungen, geflüstert. Wieviel Wahnsinn erträgt ein Mensch, ohne verrückt zu werden – bei Infragestellung aller für ihn bis dahin unverrückbar geltenden Realitäten? Da bleiben nur die Erinnerungen als Konstante. Die Wende 1989/90 ist die letzte gemeinsame Erinnerung einer DDR-Bevölkerung, bevor sie zu einer ostdeutschen wurde, die sich auf unterschiedliche Bundesländer und Landschaften verteilt.
Harald Hauswald fotografierte nicht in allen Regionen der DDR, aber er erfasste das ganze Land und schuf ein Bild vom Leben, den Gewohnheiten, dem alten Leben im neuen. Im Mittelpunkt steht immer wieder der Mensch, einzeln oder in der Gruppe.
Dresden, die Ostseeküste und andere Orte, zu denen er immer wieder zurückkehrt, stehen für sein Interesse und sein Engagement. Natürlich sind Städte wie Dresden, Leipzig, Jena oder Erfurt nicht einfach Provinz. Die zerfällt ohnehin in sehr unterschiedlich attraktive Gegenden, auch die unterschiedlichen historischen Grundierungen treten wieder deutlich zu Tage. Hauswald vergleicht eine interessante Vergangenheit mit einer spannenden Gegenwart. Die Provinz verkümmert, sie blüht auf.
Um die Komik zu verdeutlichen, die den Veränderungen teilweise anhaftet, soll von den Absurditäten im Leben der Thüringer Provinz erzählt werden. In meinem autobiografischen Text verbinden sich aus der Sicht eines Kindes Westanwesenheit, DDR-Grenzregime, Ostsee-Sehnsucht, Fresslust und andere Gewohnheiten auf merkwürdige Weise. Der Text ist nicht fertig, vielleicht weil das Bild dieser Vergangenheit so instabil ist. Das Kind denkt über geheime Formeln in den Gesprächen der Erwachsenen nach:

Es musste nicht immer eine ganze Schatzkammer sein, die sich auf eine Zauberformel hin auftat. Es gab Zaubersprüche für bescheidenere Freuden. Sie hießen »Aus dem Westen« und öffneten ein Paket, das so verführerisch duftete, wie es dann doch nicht in all seinen Bestandteilen schmeckte. Die Nudeln erinnerten verdächtig an die Nudeln im Laden vor der Haustür. Und die Mettwurst schmeckte überhaupt nicht – sicher hexte sie ein böser Zauberer ins Paket, um den Leuten die Lust auf Westpakete zu nehmen.
Der Zauberer hieß Zoll und legte manchmal Zettel in die Pakete und drohte den Menschen. Zoll führte seine Macht vor. Er stach kleine Löcher in den Kaffee und rupfte die Seife aus dem Papier. Über den Herrn Zoll redeten die Eltern nicht freundlich. Vater eher wortkarg, Mutter schimpfte länger und suchte zwischen dem Einwickelpapier, ob sich was fände, das Zoll übersehen hatte.
Sie verglich den Inhaltszettel mit den eingepackten Gegenständen. Eine Schachtel Zigaretten, eine Tafel Schokolade oder ein Päckchen Kakao fehlten immer. Schlimm nur, wenn sogar das Inhaltsverzeichnis fehlte. Sicher hatte sich Zoll eine Rolle Schokokekse gemopst und die gegen die saure Mettwurst ausgetauscht.
Der Westen war ein Zauberspruch ganz eigener Art, der viele Wünsche erzeugte. Es reichte, die Bezeichnung einer Himmelsrichtung an ein Produkt anzuhängen, schon wirkten Schokolade, Pakete, Autos magisch verwandelt. Und erst die Reise, die nur als Westreise zu einer richtig wichtigen Reise wurde …
Erwachsene tuschelten ständig hinter dem Rücken der Kinder. Lauter Geduldsproben für nicht Eingeweihte. Eine hieß FDGB. Das sollte eine Abkürzung sein: Freier Deutscher Gewerkschaftsbund. Frei – auch ein Zauberspruch? »FDGB-Urlaubsplatz« lautete das Codewort. Für Gideon klang es bald nach Sonne, Strand und Küste. Denn die Eltern wollten immer ans Meer fahren. Da sie am Rande eines Gebirges lebten, hielten sie Berge für nichts Urlaubswürdiges. Fast jedes Jahr bekam die Familie ihren Ferienplatz am Meer.
Dafür müssten sie im Nachhinein fast ein schlechtes Gewissen haben. Andere warteten auf langen Wartelisten auf diese Ferienwelt mit gesunder Luft und Salzgeruch und merkwürdigen Leuten. Letztere redeten weniger und tranken mehr. Logisch, bei der Riesenmenge an Wasser, die sie ständig vor Augen hatten.
Die Eltern begannen schon vor Weihnachten zu diskutieren, ob sie nächstes Jahr in den Ferien einen Platz in Kühlungsborn, auf der Insel Rügen, Usedom, vielleicht sogar in Warnemünde bekämen. Die Auswahl schien übersichtlich, die Zahl der Orte begrenzt, aber doch auswahlfähig. Ein Staat muss schon sehr klein sein, dass jeder nach ein paar Jahren jeden Winkel kennt. So klein war die DDR aber auch wieder nicht.
Gideon entnahm den Gesprächen der Eltern, dass eine Gewerkschaft dafür da sei, Urlaub in FDGB-Heimen zu besorgen. »Wozu bezahlst du sonst den Beitrag!«, erinnerte Mutter den Vater, wenn ihn Skrupel heimsuchten und er nicht all seine Beziehungen zum Erhalt des Urlaubsplatzes einzusetzen gedachte.

Gideons Mutter schwankte zwischen Terrorismus und Putzismus. In dem einen Moment wollte sie das Gebäude der SED-Kreisleitung anzünden. Im nächsten sollte Gideon unter den Schränken endlich wieder richtig aufwischen. Die Mutter nölte oft: Sie hätten die Genossen alle aufhängen sollen, damals im Juni '53! Und sie wollte noch einmal alles waschen und putzte die Schuhe lieber selber, bevor mangelnder Glanz Stumpfsinn für das ganze Leben verbreitete. Sie brauchte dringend Erholung, allein zum Ausschimpfen. So sind Gideons Erinnerungen an die Ferien eine einzige Ostsee, die immer mal angeflucht wurde, weil sie zu kalt (oft) oder zu warm (selten) war. Zu gefährlich oder zu langweilig. Ihre Wellen schwappten meist schwächlich in den Sand, bei Sturm zu heftig, was ein striktes Badeverbot zur Folge hatte. Selten wellte sich das Wasser in idealer Intensität.
FDGB und Ostsee waren identisch, das Meer die flüssige Fortsetzung der Gewerkschaft. So gewöhnen sich Leute daran, bei einer Organisation nicht an das zu denken, woran bei ihr zu denken wäre. Oder doch? Gab es ein nachhaltigeres Interesse als jenes an einem reibungslos organisierten Urlaub? Für die Zugfahrt gab es Ermäßigung. Manche urlaubten nur, um die nicht verfallen zu lassen.
Im Übrigen gefiel es Gideon am Strand und an der FDGB-Küste. Nur die Eltern nervten. Denn der Urlaub im Ferienheim erwies sich als anstrengend. Wegen der Essenszeiten. Die waren sehr genau eingeteilt. 8.00 Uhr bis 8.30 Uhr Frühstück galt als günstig. Manchmal ging es schon um 7.00 Uhr los. Beim Essen hatte Gideon Redeverbot. Es galt, in kurzer Zeit möglichst viel zu sich zu nehmen. Schließlich hatten die Eltern bezahlt. Also essen, essen, nochmals essen. Besonders mittags, da der bessere Pudding als Nachtisch schnell ausging und dann nur noch Grütze zur Verfügung stand. Schnell fertig sein, um weiterspeisen zu können. Beim Abendbrot durfte von bestimmten Sachen nachgeholt werden. Da brauchte es Spürsinn, was lohnte.
Die Eltern redeten ständig über das Essen: das bisherige und das künftige. Auch mit den Strandnachbarn kamen sie bei dem Thema rasch ins Gespräch. Oder beim Burgenbau. Das stellte einen gestalterischen Höhepunkt jedes Urlaubes dar: zu Beginn den eigenen Strandkorb mit einer Art Wall zu umgeben. Der Sand verweigerte sich manch kühnem Abgrenzungsprojekt: Er verrieselte.
Zweitwichtigstes Gesprächsthema war das Wetter. Hier versagte der FDGB-Gewerkschaftsdienst, stellte Gideon schon in früher Kindheit fest. Es war oft kein schönes Wetter. Umso mehr mussten die Sonnentage, Sonnenstunden, ja die Sonnenminuten ausgenutzt werden. Da stürmten Menschen vom Essen weg, sobald Sonnenstrahlen hervorblitzten. Sie warfen sich auf den Sand am Strand. Die Sonne brannte, so gut sie konnte. Wer zu faul war, sich herumzudrehen, erlebte sein Sonnenwunder.
Das Zum-Essen-und-wieder-zurück-Eilen verschaffte den Tagen ein stabiles Korsett. Niemand kam aus der Übung und verdöste den Urlaub. Denn zwischen den Mahlzeiten musste noch Kaffee getrunken und Eis gegessen werden. Ach ja, Schwimmen und Volleyball gehörten auch zu den üblichen Beschäftigungen. Wer eine Viertelstunde nichts zu tun hatte, sammelte Muscheln. Wahrscheinlich streute die der FDGB Anfang der Saison aus, damit keiner auf dumme Gedanken kam. Und einfach sich in ein Boot setzte und aufs Meer hinausfuhr.
Da hörte dann der Spaß nämlich auf, begriff Gideon. Wenn er die Gespräche der Eltern richtig deutete. Da befassten sich dann andere mit einem. Jene anderen nahmen am Strand übernachtende Gäste öfter vorbeugend fest. Wegen Fluchtgefahr. Als er das Wort zum ersten Mal hörte, schüttelte Gideon den Kopf. Diese Geste guckte er seiner Mutter ab, die oft den Kopf schüttelte, wenn sie ärgerlich und verwundert war.
Gideon begriff nur, dass die Leute aus dem Land flüchteten. Dabei war ein FDGB-Urlaub doch gar nicht so übel, dass man gleich fliehen musste. Und wohin eigentlich fliehen? In den Westen? Um künftig selbst Pakete zu packen, die Zoll plünderte? Für Gideon war das keine lohnende Zukunft: immer nur Dinge einkaufen, einwickeln, verpacken und das dann alles abschicken. Dazu war der Westen ja offensichtlich da. Gut, dass es ihn gab.

Gut, dass es ein Leben hinter den politischen Begriffen gab und gibt. Selbst wenn der Prinz in diesem Märchen kein Prinz war, wachgeküsst wurden wir alle aus dem vierzigjährigen Halbschlaf. Neugierig, hilflos, irritiert, entschlossen blicken die Menschen sich um und an. Ist Ihnen die DDR anzusehen?
Gut, dass es die Fotos von Harald Hauswald gibt. Abseits aller Feiertage und sonstigen offiziellen Erinnerungsanlässe legen sie Zeugnis ab, ohne Zensuren zu verteilen.

1987

Die Deutsche nicht-ganz-so-demokratische Republik war umgeben von unüberwindbaren Grenzen. Die schönste und erholsamste war immer die Ostsee. Da konnte sich einer vom Alltag erholen und von unerreichbaren Ländern jenseits des Meeres träumen. Am besten gelang dies auf den Inseln, und besonders entrückt fühlte man sich auf der kleinsten aller zugänglichen: Hiddensee. Das Fischerdorf mit seinen Kähnen, Intellektuellen und Künstlern entspannte sich, während die Armee wachte – damit ja keiner ein Fischerboot für ungenehmigte Reisen nutzte.

1999

Kein Stück Ostdeutschland blüht heute so auf, ist so gefragt und angesagt wie die attraktiven Orte der Ostseeküste und vor allem der ihr vorgelagerten Inseln Rügen, Usedom und Hiddensee. Der Westen kam als Märchenprinz und küsste den Hafen von Vitte auf Hiddensee wach. Und wo früher wenige Fischerboote verträumt vor sich hin schaukelten, findet sich nun ein großer Yachthafen mit vielen luxuriösen Booten. Aus dem Ort, sich in die Ferne zu träumen, entstand ein Platz für einen Traumurlaub. Jeder träumt für sich allein, Boot an Boot eng beieinander.

1985, 1992

1983, 1992

Es scheint, das Provinz-Dasein bewahrt seine (auf den Großstädter oft komisch wirkenden) Eigenheiten – DDR hin, Wende her. Und der zipfelmützige Michel könnte wohl auch in Wanne-Eickel aufgenommen sein.

1985, 1992

1986, 1999

Rituale und Gebräuche erweisen in der Provinz ein merkwürdiges Beharrungsvermögen. Das betrifft den Pferdemarkt in Havelberg genauso wie die Kahnfahrt im Spreewald. Allerdings sind die Mittel, sich am Strand abzugrenzen, verfeinert worden.

1984

Die Langeweile als Existenzform. Dass in diesem brandenburgischen Dorf die Gaststätte als Kulturhaus deklariert wird, ändert nichts daran: Viel los war in der DDR-Provinz nie.

1997

Viel los ist auch heute hier nicht. In Zeiten allgemeiner Beschleunigung wirken die ereignislosen Zonen noch deprimierender. Tote Hose eben, in Wittenberg und anderswo.

1984, 1996

1984, 1992

Früher reichte ein Karussell, um Träume zu entfachen. Heute bedarf es stärkeren Nervenkitzels. An der beruhigenden Wirkung des Wassers indes hat sich wenig geändert – ob auf der Elbe oder an der Ostsee.

1988, 1991

1988, 1996

Die freie Küchenleiter-Stelle fand der Fotograf in Leipzig, die Wende in Fürstenwalde, die sich bedienende Bedienung in Ahrenshoop und den gemütlichen Fensterplatz im Kloster Chorin.

1983

Ostseeurlaubsfreuden im SED-Staat.

1992

Ostseeurlaubsfreuden im gesamtdeutschen Staat.

»In der Schweiz geht es uns prima«, bekam ein Lehrling aus der DDR zu hören, der 1990 die Alpenrepublik besuchte. »Wir können uns viel leisten. Aber wir leben auf Kosten der Dritten Welt. Ich habe deshalb ständig ein schlechtes Gewissen.« Der Lehrling erwiderte: »Ich möchte auch endlich ein schlechtes Gewissen haben! Bisher habe ich nur Wut im Bauch.«
Die DDR, der Westen des Ostblocks, ist zum Osten des Westens geworden.
»Ich möchte ja gern eine gute Demokratin werden«, sagte die Lehrerin kurz nach der Vereinigung, »aber jemand muss mir sagen, wo es langgeht.«
»Ich arbeite nun doppelt so schnell«, sagte der Handwerker nach der Einführung der D-Mark, »jetzt, wo ich richtiges Geld verdiene.«
Seit der Vereinigung leben wir in einer neuen Zeit. Sie ist voller Veränderungen, Reformen, Katasträphchen und Überraschungen und hat so gar nichts mehr gemein mit der vertrauten Trägheit der Vergangenheit.
»Ich esse wirklich gern Soljanka«, sagt der junge Mann am Nebentisch in einer Cottbuser Kneipe. Er outet sich als Student aus dem Westen, der beweisen will, dass er mit der russischen Suppe auch fleißig Ost-Identität einlöffelt. Es sei hier cooler als in München. Auf jeden Fall billiger.
1991 konnte man Westberliner Taxifahrer erleben, die sich weigerten, in den Ostteil der Stadt zu fahren. Sie schimpften: »Die Roten schalten die Ampeln immer auf Rot!« Die Ostberliner hingegen fanden das Straßennetz im Westteil der Stadt unübersichtlich und klagten darüber, dass ausländische Kollegen ihnen die Arbeit wegnähmen. Beide Seiten störte fast alles an der anderen. Aber das ist lange her. Längst hat sich der Ostberliner Taxifunk mit dem aus Kreuzberg vereinigt.
Während Deutschland über multi-kulturelle Perspektiven diskutiert, lebt Berlin diese. Die DDR-Vergangenheit wird hier zu einem Element, das etwa der türkischen Herkunft vergleichbar ist. Beide senden ihre Echos in die Gegenwart hinein.
Im Westen Deutschlands kümmern sich natürlich weiter viele überhaupt nicht um den Osten. Ein Lehrer am Bodensee sagte mir schon Anfang der neunziger Jahre vor einer Lesung: Alles, was nördlich von Frankfurt am Main passiere, interessiere seine Schüler nicht. Sie orientierten sich nur Richtung Süden und Westen. Andererseits entdecken immer mehr Westdeutsche ihre Liebe zur Ostsee und zum Prenzlauer Berg und auch zu Erfurt, Dresden, Weimar, Schwerin oder Jena. Und reißen die Augen weit auf, wenn sie sich in die Sächsische Schweiz oder nach Görlitz verirren.
Was die ehemalige DDR und ihre ehemalige Hauptstadt vereint, ist die DDR-Nostalgie. Glücksgefühle beim Wiederfinden etwas längst verloren Geglaubten. Die Nostalgie hat auch jene erfasst, die das ziemlich jämmerliche Ende ihres Staates durchaus erfreute. Für viele wurde die DDR noch kurz vor ihrem Verschwinden zum Sehnsuchtsort: ein Staat in permanenter Verunsicherung, vorgeführt und nicht mehr wirklich gefährlich, lethargisch bis zur Absurdität, ein Gegner, der sich täglich neu entzauberte. Nicht wenige Menschen empfanden diese Zeit, in der sie selbstbestimmt handeln konnten, als die glücklichste ihres Lebens. So gerät das letzte Jahr der DDR zur eigentlichen Quelle der DDR-Nostalgie. Man sehnt sich zurück nach der Möglichkeits-DDR, in der vieles entwicklungsfähig schien.
Selbst nach Akten der Staatssicherheit kann man sich sehnen. Vor kurzem gestand mir ein Bekannter: »Ohne Akte trau ich mich nicht nach Hause. Meine Frau glaubt mir nicht, dass ich immer kräftig geschimpft habe im Betrieb und deshalb zweimal keinen Ferienplatz kriegte.«
Es bleibt wenig von diesem Staat, das zu genauem Erinnern zwingt. Diese merkwürdigen Notizbücher der Macht gehören dazu. In ihnen lassen sich einige der Sünden dieses Staates nachlesen. Und sie liefern eine unfreiwillige Beichte. Dieses Thema mit seinen Enthüllungen und Erinnerungsverweigerungen begleitet uns nun schon seit 1990. Und es wird uns noch lange begleiten. 180 Kilometer lang wären, reihte man sie aneinander, die Stasi-Unterlagen, die zum Großteil noch zerschnipselt in Säcken lagern.
Auch das Schimpfen eint das Land. Die Demokratie-Skepsis kommt aus unterschiedlichen Richtungen. Ein Taxifahrer in Leipzig sagte mir, er fühle sich wie vor dem Untergang der DDR und plane die Auswanderung. Aber wohin? Nach Kuba. Wieso er Kuba mehr Stabilität als der Bundesrepublik zutraue, fragte ich ihn. Er habe gute Freunde dort – was eine Menge über sein Vorleben aussagt.
Auch die rechten Antidemokraten sind wieder verstärkt zu vernehmen. In Erfurt plädierte einer vehement für das Bismarcksche Wahlrecht: Nur wer Steuern zahle, dürfe zur Urne, damit »das Gesindel«, so sein Ausdruck, draußen bliebe. Wie viel Demokratieverweigerung verträgt das Land?
Das stereotype Gerede von den notwendigen reformerischen Veränderungen im Staate erzeugt eine wortlose Gegenreaktion. Hartnäckig wird auf dem Erreichten beharrt. Ost und West entwickeln gar nicht so unterschied-

liche Taktiken der Verweigerung – mit dem Ziel, einen Zustand zu konservieren, der nie zurückkehren wird.
Nur selten kommt solche Anti-Haltung witzig daher. Ein Berliner Taxifahrer auf dem Weg zum Flughafen: Er erkläre jedem Politiker, der in seinen Wagen steige, dass er ihn eigentlich zur Polizei fahren müsse – um ihn dort wegen krimineller Bandenbildung abzuliefern. Solche Gedanken habe er in der DDR nicht zu äußern gewagt und in Westberlin nicht gehabt. Meine Frage an den Zyniker, ob er denn nun aus dem Osten oder Westen stamme, beantwortet er mit: »Spielt das denn noch eine Rolle?«
Nicht nur der Osten verändert sich, auch der Westen. Beide bewegen sich aufeinander zu und werden so ein neues Drittes. Ost-Berlin verschwand zwar als eigene Einheit, doch prägt es nun die ganze Stadt mit. Und die wirkt als Hauptstadt auf das ganze Land ein. Es ist eine späte Ironie: Seine ungeliebte ehemalige Hauptstadt repräsentiert bundesweit den Ostteil Deutschlands.
Es gibt keine für immer festgelegten Rollen mehr. Sondern nur ein Nebeneinander und Miteinander und Gegeneinander in einem Stück, das seine Dramaturgie ständig ändert. Wer in diesem Stück welche Rolle spielt, ist auf den Fotos von Harald Hauswald zu erahnen. Er will Gefühle ausdrücken, Lebenshaltungen. Energien und Spannungen abseits der politischen Abstraktionen. Seine Bilder sind Zeugnisse eines Aufbruchs, der auch ein Abbruch ist: Ein Staat verschwindet durch Verwandlung in einem anderen. Momentaufnahmen von einem Stück Gegenwart, das durch Hauswald schon zur Geschichte wird. Eine vergehende Zeit kreuzt sich mit einer zukünftigen. Die Bilder in diesem Buch sind ihnen auf der Spur. Die Texte schreiben sich hinterher – auf anderen Wegen, die sich mit denen des Fotografen kreuzen.
Ein Kritiker las Text-Entwürfe zu diesem Buch und meinte, es sei nicht so vital und lebensprall wie unser »Ost-Berlin«. Da hat er Recht. Eine geschlossene Gesellschaft besitzt eine immense Agilität hinter der offiziellen Fassade. Wir spürten der verborgenen Vitalität der Stadt in unserem ersten gemeinsamen Buch nach. Auch in »Gewendet« wird sie durch historische Bilder und Texte noch einmal erlebbar. Die Gegenwart einer öffentlichkeitsbewussten, bilderreichen, pluralen Zeit ist eine ganz andere: Sie inszeniert ständig ihre reale und eingebildete Lebendigkeit. Vitalität ist heute inflationär zu haben. In der gelähmten DDR-Gesellschaft war Beschleunigung etwas Subversives, in der labyrinthischen Beschleunigungsgesellschaft ist eher das Innehalten, Meditieren, Reflektieren oppositionell. So musste sich die Art meines Schreibens verändern, wollten Harald Hauswald und ich die subversive Sicht nicht aufgeben.
Gerade kaufte sich Harald Hauswald über eBay eine gebrauchte Kamera – ein kleines, altmodisches Modell, ohne Motor und komplizierte Technik. »Damit ich auch einmal ungestört wie ein Tourist fotografieren kann«, erläutert er. Bei seinen üblichen Kameras gehen die Menschen in Deckung oder stellen sich in Pose, sie verhalten sich nicht natürlich, wenn sie von einem professionellen Fotografen fixiert werden.
Wer nicht neugierig ist auf neue Bilder von der Welt und ihren Menschen, den treibt es weg von der Fotografie, hin zur digitalen Verformung der Bilder. Aus Überdruss an einer vermeintlich trivialen Realität wird ihr ausgewichen und eine Kunstwelt geschaffen. Als ob Realität jemals trivial wäre! Hauswald ist einer von mehreren hervorragenden Fotografen aus der ehemaligen DDR – für mich der spannendste. Ihre besondere Dynamik beziehen seine Fotos daraus, dass sie die Verhältnisse als erstarrte begreifen und zugleich den Tanz vorführen, den die Menschen in diesen Verhältnissen vollziehen. In diesen Bildern wird schon zu DDR-Zeiten die DDR überwunden. Hauswald war nicht zufällig in der DDR der politisch am heftigsten bekämpfte Profi-Fotograf. Sein Gespür dafür, den Zufall in jener Sekunde festzuhalten, in dem er zwangsläufig zu sein scheint, machte ihn gefährlich.

1986

»Wer sein Auto liebt, der schiebt« – ein gern gelachter Spruch in der DDR. Ersatzteile waren Mangelware. Doch wer wollte darüber meckern, wenn er nach jahrelanger Wartezeit endlich einen Trabant sein Eigen nennen konnte!

1999

Für viele ist bis heute ein Trabbi mehr als ein Auto. Wer noch einen hat, zeigt ihn gern her. Und wenn er schon nicht mehr zum Fahren taugt, kann er – wie dieses Gefährt in der Nähe von Neuruppin – wenigstens noch einem Storch eine Heimstatt bieten.

1984

»Das Sein bestimmt das Bewusstsein«, hatten wir von Karl Marx gelernt. Sosehr wir »Trink-fix« schätzten – Schaufenster wie dieses am Dresdner Altmarkt zeigten vor allem, was alles fehlte im Angebot.

2005

Das Design bestimmt die Bedürfnisse, müssen wir heutzutage feststellen. Dasselbe Schaufenster präsentiert heute unzählige unterschiedliche Uhren. Aber zeigen wirklich alle ein und dieselbe Zeit an?

1982, 2005

1986, 2005

Manches ist noch wieder zu erkennen im neuen Berlin (wie das heutige Tacheles, von der Friedrichstraße her gesehen), anderes (wie das Schönhauser Tor) ist komplett umgestaltet worden. Im Berliner Stadtbild – und dasselbe gilt beispielsweise für Leipzig, Dresden, Erfurt, Jena oder Schwerin – hat die DDR nur eine von vielen Schichten hinterlassen. Vielen kleinen Städten in der Provinz hingegen sieht man die DDR nicht mehr an.

1989, 1989

1981, 2005

Warb man Mitte 1989 noch unbeirrt für »Unsere Besten« (hier in der Choriner Straße), konzentrierte sich die Werbung schon wenig später auf all die vielen bunten Waren und vor allem Blätter, die die neue Zeit uns brachten. Da erblasste das heruntergekommene Haus in der Zionskirchstraße geradezu vor Neid. An anderen Stellen verschwand in kürzester Zeit Liebgewonnenes – wie die legendäre Kneipe »Zum Posthorn« am Alexanderplatz.

1984

Einer der am schönsten gelegenen Plätze Berlins, Eingangstor zur Museumsinsel und begrenzt von Altem Museum und Berliner Dom, wurde für politische Zwecke missbraucht.

2005

Heute darf der Platz wieder sein, was er vormals war: ein Lustgarten. Berliner und Berlinbesucher haben den nach Schinkels Plänen rekonstruierten Platz wieder zum Erholungsort gemacht.

1986

Gegenüber vom Lustgarten, der keiner sein durfte, befand sich der Palast der Republik, im Volksmund »Erichs Lampenladen«.

2002

Tonkrieger aus China durften den Palast kurzzeitig zwischennutzen, bevor 2005 der endgültige Abriss begann.

1989

Der Berliner Fernsehturm bleibt das architektonische Zentrum und das Wahrzeichen der vergangenen Stadt Ost-Berlin. Vergleichbares hatte der Westen nicht zu bieten. Schon zu DDR-Zeiten erblickten viele Besucher und auch manche Berliner, die sich zu Fuß oder per Rad im östlichen Teil der Stadt verirrt hatten, dankbar den Turm und nahmen ihn als Orientierung. Auch blickt der Berliner gern einmal auf andere herab und verschafft sich einen Überblick. Und wo sonst hätte man so unbehelligt einen Blick auf den westlichen Teil der eigenen Stadt werfen können?

2001

Anders als der Palast der Republik wurde der Fernsehturm nie in Frage gestellt. Ein privater Fernsehsender und die ehemalige DDR-Nachrichtenagentur haben sich inzwischen dort platziert. Zur Fußball-WM 2006 verwandelt sich sein kugelförmiger Aufbau in einen Fußball und erinnert so immer weniger an die DDR-Vergangenheit. So garantiert Nützlichkeit am besten die Ankunft in einer neuen Normalität, und Besucher, die erst hier vorbeischauen, um dann Richtung Brandenburger Tor zu laufen, vollziehen die Vereinigung beider Hälften Berlins täglich neu.

1982, 2000

1989, 2005

Was hat sich am stärksten verändert seit der Wende? Wohl die Warenästhetik und die Formen des Miteinanders.

1988, 2005

1985, 2005

Geändert haben sich auch die Ideale. Und die Zahl der Sonnenschirme hat beträchtlich zugenommen – nicht nur am Alex.

1984

Der Brunnen der Völkerfreundschaft auf dem Alexanderplatz war einer der beliebtesten Treffpunkte und Anlaufstellen in der DDR. Die Bebauung hat sich seither kaum geändert, wohl aber die Haarmode.

2005

Noch immer unwirtlich wirkend – hier wird viel umgestiegen, aber wenig gelebt (worüber der Fotograf, weil er den Platz liebt, hinwegtäuschen möchte) –, wird dem Alex eine große Zukunft vorausgesagt.

1984

Eines jener Bilder, die Hauswald den frühen Ruhm einbrachten, das zu fotografieren, was es offiziell gar nicht gab. »Sauf aus, sauf aus, Freie Deutsche Jugend, sauf aus!«, sangen FDJler beim Pfingstreffen 1989. Hier hatte es einer in der Eberswalder Straße erst einmal hinter sich: Blau auch ohne Blauhemd.

1999

Derselbe Laden fünfzehn Jahre später. Das Angebot hat sich beträchtlich erweitert, der Hauptgewinn, der beim Lotto winkt, hat sich vervielfältigt, und der Inhaber würde mit einiger Wahrscheinlichkeit nicht zulassen, dass ein Betrunkener vor seiner Ladentür liegt.

1987

Unbeaufsichtigte Kinderwagen – hier beim Solidaritätsbasar der Journalisten vor dem Centrum Warenhaus – gehörten mal zum Stadtbild.

2005

Trotzdem wirken die Mütter heutzutage entspannter. Es ist fast dieselbe Stelle, nur heißt das Warenhaus inzwischen Kaufhof.

1985

Der deutsche Osten zahlte, indem er zur DDR wurde, seinen Sonderpreis für den Krieg, mit dem NS-Deutschland die Welt überzogen hatte. In Dresden erinnerten die Trümmer der Frauenkirche noch lange an die Schrecken, die wie ein Bumerang schließlich Deutschland selbst – und Dresden in besonderem Maße – getroffen hatten.

2005

Erst mit dem Wiederaufbau der Frauenkirche scheint Dresden sein Zerstörungstrauma überwinden zu können. Er war weit mehr als eine grandiose Aufbauleistung. Er gibt einer der prachtvollsten Städte Europas ihre Mitte zurück und schafft etwas, worin sich ganz Deutschland seiner Vergangenheit vergewissern kann.

1988

Eine alte Frau überquert die Kastanienallee.

1998

Niemand überquert die Kastanienallee.

Eigentlich ist viel zu viel von Berlin die Rede. Auch wenn die Stadt für eine »Ostigkeit« steht, die im ganzen deutschen Osten spürbar ist. Selbstbewusst in seinen energiegeladenen Aufbruchzonen, trotzig-resigniert in den Gebieten wirtschaftlicher Trostlosigkeit. Dresden zum Beispiel ist wirklich dabei, sich zu einer der schönsten Städte Europas zurückzuverwandeln. Ein Ort, der seine Zukunft maßgeblich aus seiner Vergangenheit saugt. Der Wiederaufbau der Frauenkirche ist ein sichtbares Zeichen für ein ausgeprägtes Geschichtsbewusstsein, aus dem Energien für die Zukunft gewonnen werden. Ähnlich das Selbstbewusstsein Leipzigs. Beide Städte stehen für einen Osten, der weniger als Berlin mit seinen Komplexen kokettiert. Über Leipzig schrieb ich 2005:

Leipzig war immer eine spannende Stadt. Lebendiger, quirliger, offener und provisorischer als andere Städte. Es schien mir auf eine schöne Art hässlich zu sein – voller interessanter, tatenlustiger Menschen. Niedliche, beschauliche Städte entspannen zunächst, dann deprimieren sie auf subtile Weise. Sie blockieren die Phantasie. Leipzig hieß immer schon: die Leipziger Messe. Wie gern wäre ich als Junge mit meinem Opa mitgefahren, der zwar im Urlaub nie verreiste, aber zweimal im Jahr seinen Messe-Sonntagsausflug zelebrierte. Später fuhr ich regelmäßig und klaute meine ersten West-Bücher. Doch Leipzig war nicht nur zu Messezeiten ein Fenster zu fremden, sonst nicht zugänglichen Welten. Ich arbeitete in der »Deutschen Bücherei« und studierte den »Völkischen Beobachter« für eine Diplomarbeit zum Hitlerkult. Nebenbei verschaffte ich mir einen Überblick über deutschsprachige Literaturzeitschriften (ich hatte einen prima Genehmigungsschein für alles) und veröffentlichte noch während des Studiums in der Schweiz und den USA. Alles mit Hilfe der DB in Leipzig! Nach der politischen Exmatrikulation verführte Leipzig mich zur einzigen Urkundenfälschung meines bisherigen Lebens: Ich verlängerte mir selbst den Genehmigungsschein.
Apropos Verführung: Auch über Leipzig und seine Frauen wäre zu erzählen – eine lustvoll-spannende Geschichte anderer Art. Leipzig bereitete immer auf Abenteuer vor, etwas inspirierend Ungehöriges ging von der Stadt aus. Kleine Verfolgungsjagden mit Staatssicherheitsmitarbeitern vor oder nach nicht genehmigten Interviews mit West-Journalisten. Nach meiner Verhaftung wegen des ersten nur im Westen erschienenen Buches (1980) wurde die Buchmesse zum alljährlichen Kontakt- und Interviewplatz ersten Ranges.
Es gäbe viele zu erwähnen, die schrieben und westveröffentlichten oder ohne Genehmigung Zeitschriften herausbrachten, in denen – anders als in Berlin – politische und kulturelle Fragen nicht strikt voneinander getrennt wurden. In Leipzig traf ich in den achtziger Jahren auch auf junge Leute, die sich nicht mehr als Linke, sondern als demokratisch-konservativ betrachteten.
1987/88 stellte ich in Leipzig mit Harald Hauswald unser gemeinsames Buch »Ost-Berlin« vor. Obwohl oder gerade weil es verboten war. Wir erlebten, wie es von den Zollorganen der DDR immer wieder am Stand des Piper-Verlages auf der Messe beschlagnahmt wurde. Hauswald oder ich schoben dann jedes Mal ein neues Exemplar ins Regal, das dann von Messebesuchern geklaut oder vom Zoll erneut beschlagnahmt wurde. Wahrscheinlich waren wir die einzigen DDR-Bürger, die West-Bücher in die Messe hineinschmuggelten statt aus ihr heraus.
Ohne den 9. Oktober 1989 in Leipzig hätte es die Maueröffnung am 9. November 1989 in Berlin nicht gegeben. Als Freunde und Bekannte im Herbst '88 in Leipzig – zuerst in der Kirche – politischen Eigensinn zu demonstrieren begannen, mussten West-Journalisten in Ostberlin immer wieder von der Wichtigkeit dieser Vorgänge überzeugt werden. Vereinfacht gesagt: In Berlin verfolgte Dissidenz utopische Ziele – in Leipzig oder Halle aber ging es um den Kampf gegen eine nicht hinnehmbare Realität, zum Beispiel bei Fragen der Architektur oder des Umweltschutzes.

Und Leipzig heute? Die Stadt bleibt spannend, durch ihre Ausstellungen, ihre alten und neuen Museen, ihr Theater und natürlich immer noch durch ihre Messe. Leipzig ist selbst eine Art Messe für die Entwicklung neuer Lebensmöglichkeiten. Die politischen Kämpfe sind vorbei. Heute ist die Stadt – wie der gesamte Osten als Region – eher bestimmt durch die Angst, übersehen zu werden.
Wie soll sich der Osten künftig verstehen? Entscheidend ist die Lust an der Kontroverse, am Risiko – das Provisorium als Lebensprinzip, ein Markt der Möglichkeiten.
Im deutschen Osten werden die Spuren der DDR Stück für Stück getilgt. Nachdem schon seit längerem über den Wiederaufbau des Berliner Stadtschlosses nachgedacht wird, wird wohl irgendwann über den Wiederaufbau des gerade im Abriss befindlichen Palastes der Republik diskutiert werden. Nicht zufällig erreichte der Palast im Moment seiner endgültigen Zerstörung seine größte Akzeptanz. Als Symbol für die Zertrümmerung aller Ost-Geschichte kann er dennoch nicht dienen. Schon ein paar Meter weiter stört

sich niemand an einem rein politischen Denkmal – dem für Marx und Engels. Und noch ein paar Meter Richtung Alexanderplatz thront der Fernsehturm hoch über Berlin, das einstige Symbol der DDR-Stadtgestaltung, inzwischen längst eines für ganz Berlin. Die Zukunft als Provisorium gestattet und erzwingt überall ständige Umdeutungen.

Die DDR war nie nur eine DDR. Wir lebten in einem mitteleuropäischen Land, das von deutscher Geschichte vielfältig geprägt worden ist – im ärmeren, politisch anpassungsbereiteren Norden ganz anders als in Sachsen oder Thüringen. Das Leben in der ostdeutschen Provinz – und eigentlich war alles Provinz bis auf Berlin und vielleicht noch Leipzig und Dresden – weist im Psychologischen und Sozialen deutliche Parallelen zu anderen Provinzen im deutschsprachigen Raum auf. In der Literatur erschienen dem DDR-Provinzler die Erfahrungswelten in Österreich, in der Schweiz manchmal näher als die großstädtisch geprägten in der Bundesrepublik.

Gleichzeitig aber war die DDR aufgrund ihrer politischen Struktur und Bündniseinbindung auch ein Stück Osteuropa. Erzwungene Nähe fördert allerdings nicht immer eine unverkrampfte Integration. Dieser osteuropäische Bezug verlangt uns ab, bewusst ein Stück des europäischen Ostens zu werden, um uns nicht ewig nur als »neue Bundesländer« zu definieren.

Ich lebte also in einer mitteleuropäisch grundierten deutschsprachigen Provinz mit speziellen regionalen Eigenheiten, vor dem Hintergrund einer deutschen Geschichte, die – aus unserer Perspektive – zur Existenz eines zweiten deutschen Staates namens Bundesrepublik geführt hatte. Also war ich Mitteleuropäer, Deutscher, Osteuropäer, DDR-Bürger, Thüringer und virtuell auch schon Bundesbürger. Heute bin ich ein Gesamtdeutscher mit osteuropäischer Vergangenheit. Ohne die weitgehende Integration der osteuropäischen Staaten in die europäischen Strukturen gibt es keine Vollendung der Deutschen Einheit.

Ist dieser Satz anmaßend, der mir bei einer Reise durch Kaliningrad (das ehemalige deutsche Königsberg) nicht aus dem Sinn ging? Vieles roch im Badeort Rauschen an der russischen Ostseeküste wie früher in der DDR. Nur die einsetzende Verwestlichung gab es bis 1989 an der ostdeutschen Ostseeküste nicht. Breakdancer führten in Rauschen eine wirbelnde Show vor, am Rande der Straße. Die Passanten klatschten mit und warfen großzügig Geldscheine in den herumwandernden Hut. Ein paar hundert Meter weiter stand ein teures neues Hotel samt Gaststätte, die auserlesene Speisen anbot. Der Preis für ein Gericht plus Wein entsprach der monatlichen Mindestrente eines russischen Kriegsveteranen. Offiziere saßen da und tranken auf Stalin und eine bessere Zeit. Meinten sie eine neue großrussische Zukunft? Ich war im Osten und doch nicht mehr. Eine verschmuddelte, sich mondän gebende Exklave, die DDR-Erinnerungen aufkommen ließ und Fragen, wie die Zukunft gestalten werden soll, muss, darf. Die ersten Industriebetriebe aus Deutschland sind schon da. Wann werden die ersten deutschen Arbeiter nach Russland umziehen – den Arbeitsplätzen hinterher?

»Der Osten« – ein Begriff für ein Stück Europa, das sich langsam entostet, ohne jemals zu einer Kopie Westeuropas zu werden. Heute bedanke ich mich in einer Drogerie für das Wechselgeld. Die Verkäuferin wünscht mir einen guten Tag. Ich erwidere den Wunsch und füge einen weiteren für den Abend hinzu. Die Frau kontert mit einem Kompliment. Ich halte mit noch besseren Komplimenten mit. Immer verbissener werden immer höflichere Floskeln ausgetauscht. Die Frau absolvierte wohl gerade ein Verhaltenstraining für mehr Freundlichkeit im Alltag. Auch für so etwas gibt es inzwischen Experten. Im Norden Berlins hat die erste Lachschule eröffnet. Dort lehrt man vom Begrüßungslachen bis zum Steigerungslachen alle Arten des richtigen An- oder Auslachens. Lachen macht frei – zumindest freier von schlechter Laune.

Wie ließ sich ein privater Arbeitsvermittler aus der Schweiz kürzlich in einer Wochenzeitung zitieren? »Die Ostdeutschen sind die Besten, extrem motiviert, immer zu Überstunden bereit.« Wenn ihnen ein Job angeboten werde, bekämen sie leuchtende Augen.

Das klingt sehr gut. Und stimmt ein wenig traurig. Als Schluss-Anekdote nicht wirklich geeignet, um das Prinzip Zuversicht zu demonstrieren. Enden wir also anders:

Ich sprach kürzlich mit einem Kleinunternehmer aus Sachsen, der seine Patente zur Handy-Produktion vor allem nach China und Japan verkauft. Die Firma wuchs zusehends, aus drei wurden dreißig Arbeitsplätze. Doch er muss ständig auf der Hut sein: Seine Handelspartner versuchen unablässig, die Patente zu knacken. Rechtliche Auseinandersetzungen wären für ihn faktisch unbezahlbar, die Firma würde sich in Abwehrschlachten aufreiben. Wie löst er seit zehn Jahren dieses Problem? Er versteckt die Innovationen so gut, dass sie erst mit Verzögerung erkannt und nachgeahmt werden können. Alle Energie lenkt er auf Neuentwicklungen. Im Geschäft bleiben heißt für ihn: immer einen Tick besser und schneller zu sein als die Konkurrenz. Die Ex-DDR als der Raum, in dem Ost und West zueinander finden? Nehmen wir es als konkrete Utopie und flößen uns Zuversicht ein!

1984

Es lohnte sich, in der DDR einen zinsfreien staatlichen Kredit für junge Familien »abzukindern«: Bei drei Kindern wurde den jungen Familien die Tilgung erlassen. Die hohe Scheidungsrate wirkte dem allerdings oftmals entgegen.

2000

Dasselbe Haus in der Schönhauser Allee. Kinderwagen sind seltener geworden. Die hohe Scheidungsrate dürfte damit nichts zu tun haben: Alleinerziehende und Patchwork-Familien sind fast schon die Regel in Berlin.

1985

Wer behauptet, nur im Rheinland wisse man Karneval zu feiern, den belehrt diese Aufnahme vom Fasching in Großhennersdorf (Sachsen) eines Besseren. Auch wenn das Feiern hier bereits seine Endphase erreicht hat und alle Gedanken in der Frage münden: Wer mit wem?

2000

Selbst in Preußen wird gefeiert. Der Prater in der Kastanienallee ist wie ein Stück Wien in Berlin. Für die jüngeren Semester hält die neue deutsche Hauptstadt der Unterhaltungsmusik eine unüberschaubare Zahl von Clubs jedweder musikalischer Ausrichtung bereit.

1985

Das Stadion Wuhlheide, Anfang der 50er Jahre für ein Deutschlandtreffen der Jungen Pioniere eröffnet, fiel der Vergrünung anheim – inmitten eines Pionierparks.

2001

Jetzt wurde das Stadion zu neuem Leben erweckt. Und die Rockgruppe »Rammstein« füllt es mühelos. So lebt die DDR in mutierter Form musikalisch fort, wo sie keiner vermutet.

1987, 2000

1987, 1996

Der Fotograf verfolgt gern über Jahre Lebensläufe – so den eines Fahrradladens Ecke Rosenthaler/Gipsstraße und den des einst stadtbekannten Berliner Originals Kurt Wanski.

1983, 2005

1986, 2000

Das Outfit hat sich geändert, doch die Lust, an der Spree zu entspannen oder ein Bierchen zu zischen, ist geblieben. Allerdings ist die Kneipe (Danziger/Husemannstraße) kaum mehr wieder zu erkennen .

1989

Im »Stadion der Weltjugend« findet ein Polit-Treffen der letzten DDR-Stunde statt: das Pfingsttreffen der FDJ 1989. Nicht nur diese jungen Damen hatten gelernt, politischen Pflichtübungen privates Vergnügen abzugewinnen.

2005

Am selben Ort kommt heute eine Sportart zum Zuge, die in der DDR höchst verpönt war. Hier wurde nur gefördert, was olympische Ehren versprach. Doch auch die Golf-Zeit ist bald vorbei: Der Bundesnachrichtendienst zieht hierher.

1986

Manche interessanten Orte der vormaligen Hauptstadt der DDR gerieten in Vergessenheit. Dieser hier wurde hingegen zum Vorzeigeobjekt des neuen Berlin: die Hackeschen Höfe.

2000

Aufwändig restauriert, zieht das Hofgeflecht am Hackeschen Markt die Touristen an. Der Fahrradladen allerdings musste inzwischen, wie andere kleine Läden, wegen rapide gestiegener Mietpreise weichen.

1989, 2005

1986, 2003

Alte Männer, junge Männer, vor der Wende, nach der Wende, am Alex und Unter den Linden. Aus der DDR wurde längst der Osten Deutschlands. Und doch zeigen sich Kontinuitäten, in vielen Details.

DIE AUTOREN

HARALD HAUSWALD (rechts), geboren 1954 in Radebeul, seit 1978 als freier Fotograf in Berlin lebend, gehörte 1990 zu den Gründungsmitgliedern der OSTKREUZ Fotoagentur und veröffentlichte Fotoreportagen in zahlreichen Magazinen wie »GEO« und »Stern«. – LUTZ RATHENOW, geboren 1952 in Jena, seit 1977 als freier Schriftsteller in Berlin lebend, zu DDR-Zeiten wegen seiner regimekritischen Töne verhaftet, schreibt Lyrik, Prosa, Kinderbücher, und Essays und wurde mit mehreren Literaturpreisen ausgezeichnet. – Gemeinsam veröffentlichten beide 1987 das in der DDR verbotene, doch zum Kultbuch avancierte OST-BERLIN (Neuausgabe 2005, Jaron Verlag).

Harald Hauswald überlässt das Schreiben gern anderen. Diesmal aber möchte er selbst ein paar Worte anmerken:

Gewendet. Wer hat sich gewendet, was hat sich gewendet? Ich mag den Begriff »Wende« in Zusammenhang mit dem Ende der DDR eigentlich nicht. Für mich war es die »Maueröffnung«. Von daher bin ich mit dem Titel, den unser Verleger für das neue Buch von Lutz Rathenow und mir vorschlug, nicht ganz glücklich. Da er aber viel von dem ausdrückt, was wir sagen und zeigen wollen, entschied ich mich schließlich doch dafür.
Heute ist einem schon vieles von dem, was vor der Maueröffnung unser Leben ausmachte, nur noch schwer erinnerbar.
So helfen mir die eigenen Fotos aus den 80er Jahren, mir die Veränderungen vor Augen zu führen. Ein Bildpaar sei hervorgehoben, weil es Signifikantes zeigt: den Hafen von Vitte auf Hiddensee damals und heute. Wo einige Fischkutter lagen, sieht man heute vor lauter Yachten keinen Hafen mehr. Erinnern wir uns noch, wie wir lebten, wie wir uns fühlten? Damals Grenzgebiet, nur mit Passagierschein zu betreten, heute entscheidet das Bankkonto, wer hier Urlaub macht. Damals überall hohle Parteiparolen, heute werden wir mit Werbung überschüttet.
Die Gegenüberstellung von Vorher und Nachher soll erinnern helfen – und Sprüchen wie »Es war ja nicht alle schlecht!« entgegenwirken. Ich fühlte mich eingesperrt und wurde beobachtet. Wir lebten in einer künstlichen Welt, wie unter einer Käseglocke. Das Leben ist für mich nicht leichter geworden seit der Maueröffnung – doch ich fühle mich wesentlich freier, und das ist das Entscheidende.

Die neuen Fotos von Hauswald entstanden mit freundlicher Unterstützung der VG BILD-KUNST, Bonn.